AF433665

9 798869 143563

ספר

עֵץ חֵיים

לרבינו

חיים וויטַאל ז״ל

שֶׁקִיבֵּל ממרן האר״י זלה״ה

שַׁעַר הָעֲקוּדִים

שַׁעַר ו׳ פרק א׳

דכ״ד ע״ב – דכ״ד ע״ד

תשפ״ף

SimchatChaim.com

בהוצאת

שִׂמחת חיים

בס"ד

## הקדמה

**ר**פא **ה**מאציל **ו**יושיע **ה**בורא את כל חולי בני ישראל, וישלח להם רפואה שלימה, רפואת הנפש ורפואת הגוף, בכל אבריהם ובכל גידיהם לעבודתו יתברך.

בי"ב במנחם אב תשס"ה, הובהלתי לבית החולים, הרופאים לא נתנו לי סיכוי לחיות יותר מכמה שעות בגלל מספר תסבוכות. עם כל זאת בזכות התפילות של בני ישראל הקדושים, ברחמיו הרבים, ריחם עלי הקדוש ברוך הוא, ונשארתי בחיים.

עם כל זאת, הובחנה אצלי מחלה קשה בכליות, ונאמר לי שהוצטרך למכונת דיאליזה. בשבילי זה היה שוק!!! אף פעם לא הייתי אצל רופא, או בבית חולים. כך בעל כרחי התחברתי למכונת דיאליזה, ומכונה זאת הייתה[1] קשורה בי ככלב במשך שמונים חודשים בדיוק, כמניין **יסוד**, במשך 10-12 שעות ביום.

בשבת פרשת **ויחי יעקב** י"ב טבת תשע"ב, בזכות בני ישראל, שכולם אהובים כולם ברורים כולם גיבורים כולם קדושים... וכולם פותחים את פיהם באהבה שלוש פעמים ביום, ואומרים - **ברוך אתה... רופא חולי עמו ישראל**, וכללותם כל האברכים, תלמידי הישיבות, רבנים וחכמים, חסידים, מקובלים עם תינוקות של בית רבן, זקנים עם נערים, בחורים וגם בתולות, בארץ הקודש ובעולם. ומצד שני בנות ישראל היקרות מפז, שהתפללו וקבלו עליהם כל מיני קבלות, מהפרשת חלה עד צניעות וכיסוי הראש, עם הרבנים, המנהלים, המורים, המורות **והתלמידות של בית יעקב דטורונטו** שכל יום התפללו, וכללו בתפילתם שבקעה את כל הרקיעים אותי, ונושעתי אני הקטן. הושתלה בי כליה. והתנתקתי ממכונת הדיאליזה.

אמר המלך דוד - לולי[2] תורתך שעשעי אז אבדתי בעניי. מה שנתן לי חיות היא התורה הקדושה, בשעות הרבות שהיתי מחובר למכונת הדיאליזה (כ12 שעות ביום), ערכתי סדרתי וכתבתי במחשב את קונטרסים שלמדתי במשך שנים. וקונטרסים אלו הפכו לחיבור, ואחרי התלבטויות ובקשות מבני גילי, החלטתי בעזרתו יתברך להדפיס קונטרסים אלו.

**ידוע** הוא כי כל דברי האר"י זלל"ה ותלמידיו נאמן ביתו, רבינו חיים ויטאל הם סתומים וחתומים באלפי שרשראות ומנעולים, והרב ז"ל גלה טפח וכיסה אלפים אמה, וכלל דבריהם הוא משלים, עם כל זאת העוסק במשל פועל בעלמות העליונים בנמשל. לכן צריך זהירות גדולה לא להגשים את המשלים, בסוד המבואר בספר הזוהר הקדוש **ועלייהו אתמר** ועליהם נאמר - **ארור האיש אשר יעשה פסל ומסכה וגומר, ושם בסתר, מאי בסתר** מהו בסתר - **בסתרו דעלמא** בסתר העולם. **ובגין דא אמר קודשא בריך הוא לא תעשון אתי** ומפני זה אמר הקדוש ברוך הוא לא תעשון אתי **אלה"י כסף ואלה"י זהב, והכי אוקמוה חבריא לא תעשון אתי כדמות שמשי שמשמשין אותי** וכך העמידוהו החברים לא תעשון אתי כדמות שמשי שמשמשים אותי **במרום, לצייירא בסתר דילי שום ציור או דמיון** לצייר בסתר שלי שום ציור או דמיון, **דכל מאן דצייר לעיל לקודשא בריך הוא** שכל מי שמצייר למעלה לקדוש ברוך הוא, **בסתר** (דאיהי שכינתיה, **כלילא מעשר ספיראן** שהיא שכינתו, כלולה מעשר ספירות), **שום ציור, וצלם, ודמות, כגוונא דמצייירין בשמשין דיליה** שמצייירים בשמשים שלו, **נשמתיה אתלבשא בההוא צלמא** נשמתו מתלבשת באותו צלם....

---

[1]

**גמרא סוטה ד"ג ע"ב** - גמרא סוטה ד"ג ע"ב – רבי אלעזר אומר, **קשורה בו ככלב**, שנאמר - ולא שמע אליה לשכב אצלה להיות. עמה לשכב אצלה בעולם הזה. להיות. עמה לעולם הבא.

[2]

**תהלים קי"ט צ"ב**

**וכן הוא** בסוף ענף ד' דשער א' בספר עץ חיים שער ההקדמות, וז"ל הטהור - ואמנם דבר גלוי הוא כי אין למעלה גוף ולא כח גוף חלילה. וכל הדמיונות והציורים אלו לא מפני שהם כך חס ושלום. אמנם **לשכך את האוזן** לכשיוכל האדם להבין הדברים העליונים, הרוחניים, בלתי נתפסים, ונרשמים בשכל האנושי. לכן ניתן רשות לדבר בבחינת ציורים ודמיונים, כאשר הוא פשוט בכל ספרי הזוהר. וגם בפסוקי התורה עצמה כולם כאחד עונים ואומרים בדבר הזה, כמו שאמר הכתוב עיני הוי"ה המה משוטטים בכל הארץ. עיני הוי"ה אל צדיקים. וישמע הוי"ה. וירח הוי"ה. וידבר הוי"ה. וכאלה רבות. וגדולה מכולם מה שאמר הכתוב - ויברא אלהי"ם את האדם בצלמו בצלם אלהי"ם ברא אותו זכר ונקבה וגו'. **ואם התורה עצמה דברה כך** גם אנחנו נוכל לדבר כלשון הזה, עם היות שפשוטו הוא שאין שם למעלה אלא אורות דקים בתכלית הרוחניות, בלתי נתפשים שם כלל, וכמו שאמר הכתוב - כי לא ראיתם כל תמונה, וכאלה רבות. ואמנם יש עוד דרך אחרת כדי להמשיך ולצייר בה הדברים העליונים, והם בחינת כתיבת צורת אותיות, כי כל אות ואות מורה על אור פרטי עליון, וגם תמונת זו דבר פשוט הוא כי אין למעלה לא אות ולא נקודה, **וגם זה דרך משל וציור לשכך את האוזן** כנזכר.....

**ולכן** כל המבואר כאן בחיבור זה הוא כדי **לשכך את האוזן**. והתרשימים שבסוף החיבור הם כדי **לשבר את העין**, לכן אין שום ביאור והסבר שלם, ואין שום תרשים שלם בתכלית השלמות.

**ידוע כי**[3] דברי תורה עניים במקומן ועשירים במקום אחר, שכל סוגיה חסרה[4] במקומה, וחלקיה מפוזרים במקומות אחרים. **זאת ועוד** הרב ז"ל מערבב בדרוש אחד כמה וכמה סוגיות, כאשר בפשטות דבריו נראה שכל הדרוש הוא דרוש אחד, ולא מחולק לסוגיות שונות, ושמועות שונות, **ביאור** דברי הרב ז"ל כאן הם **בעומק, והוא בעצם ליקוט** עד איפה שידי הקצרה הגיעה, מכל חלקי ספר עץ חיים, ושמונה השערים המצוינים לרב ז"ל, מבוא שערים ושאר ספרי הרב ז"ל, והוא גם על פי הקדמת רחובות הנהר למרן הרש"ש, דרושי פנימיות וחיצוניות, דרוש הדעת, סוגיות ערכין, סוגיות דכללות והתכללות, פרטות וכללות, וסוגיות עובי ואורך, ועל פי ביאור גדולי רבותינו חכמי המקובלים לדורותם זלה"ה זי"ע.

ידוע כי[5] אין בר בלי תבן, כך אין ספר בלי טעויות, ועוד יודע אני כי ועני אני, **ואין**[6] **עני אלא בדעה**. לכן מבקש אני בכל לשון של בקשה אם יש לכל אחד שאלות, הערות, הארות, תיקונים, נא לשלוח ל - <u>book@simchatchaim.com</u> והשתדל לענות, ולתקן את הצריך תיקון.

**בברכה והצלחה בלימוד התורה הקדושה**

**ובעיקר בפנימיות התורה, תורת האר"י הח"י.**

**ורפואה שלימה לכל חולי ישראל.**


אח"י


ב"ה

---

[3]

**גמרא ירושלמי, ראש השנה פ"ג הלכה ה' די"ז ע"א** – דברי תורה עניים במקומן, ועשירים במקום אחר.

[4]

**תורת חכם דע"ב ע"ב** – חסר לשון הוא, כמו שיראה המעיין.

[5]

**גמרא ברכות נ"ה א'** – מה לתבן את הבר נאם ה', וכי מה ענין בר ותבן אצל חלום, אלא אמר ר' יוחנן משום ר' שמעון בן יוחאי, כשם שאי אפשר לבר בלא תבן, כך אי אפשר לחלום בלא דברים בטלים.

[6]

**גמרא נדרים מ"א ע"א** – אין עני אלא בדעה.

## הקדמה קצרה לחיוב לימוד תורת הקבלה

**י**שמחו **ה**שמים **ו**תגל **ה**ארץ ירעם הים ומלאו. שזכינו בדור שלנו שפנימיות התורה, שהיא היא תורת הקבלה, מתפשטת לכל, וכל מקום בעולם היום לומדים בתורת הח"ן. הדור שלנו יש הרבה התעוררות ללמוד סתרי התורה הקדושה, הנקראת חכמת הקבלה. בירושלים של המאה ה18 בישיבת **בית אל** היו בקושי מנין של מקובלים, והיום תורת הקבלה מופצת בכל מקום בארץ ובעולם. לעניות דעתי אחת הסיבות העיקריות לשינוי זה הוא רצונם של בני התורה, החוזרים בתשובה ועמך לדעת את סוד החיים, למה ברא הקדוש ברוך הוא את העולם, ואת טעמי המצות, ר"ל אי אפשר היום בדור שלנו, להסביר על פי הפשט את הסיבה מדוע אסור לאכול בשר וחלב, מדוע צריך להניח תפילין, למה לשמור דווקא שבת ולא יום שלישי, אי אפשר להגיד כל הזמן **זאת גזרת הכתוב, כך רוצה הקדוש ברוך הוא**, האנשים מחפשים הסברים למצות, לסיפורי התנ"ך, לגלגולי נשמות, ועוד. ורק על ידי עסק בפנימיות התורה, אדם מסיג את ההסברים לקושיות שיש לו. **זאת ועוד** חיים אנחנו בדור של חומריות, והאנשים מחפשים את הרוחניות שבחיים, אז מה עושים, נוסעים למזרח, להודו, סין, תאילנד למצוא רוחניות, ולא יודעים **ששורש כל הרוחניות בעולם נמצאת בתורה הקדושה**, עם כל זאת כאשר הלומד את פשט התורה, **הוא לא מכיר** את הקדוש ברוך הוא, והוא בלי יראת שמים ושמחה אמתית. כותב הרב המקובל האלוה"י רבינו יהודה פתייה בפרושו הנפלא על עץ חיים - כי לימוד עץ חיים הוא עמוק מאד, כי הוא **מים שאין להם סוף**, והוא קשה מאד גם לחכמים ההוגים בו תמיד, וכל שכן למתחילים. כי הוא חזק מצור, וקשה מברזל, שאי אפשר לחצוב ממנו מאומה, אם לא על ידי כלי מחצב חזקים כציפורן שמיר. וכל המתחיל בלימוד עץ חיים, אם לא יהיה לו רב, או לפחות איזה מפרש המפרש לו כוונת הפרק ההוא לפי פשוטו, נבול יבול, ואינו יכול לעמוד על הפרק כי אם לאחר יגיעה רבה, ושקידה עצומה, וכולי האי ואולי. כי הרבה פעמים יסבור המעיין שהבין הענין ההוא כראוי, ואחר שילמוד עוד איזה פרקים אחרים, ירגיש כעצמו שלא הבין את פרקים הקודמים, והניסיון יעיד על זה, עד כאן דברי קודשו. עם כל זאת חייב כל אדם לעסוק בתורת ה**חיים**.

**צ**דיק אתה הוי"ה וישר משפטיך. כתב הרב רבינו חיים ויטאל ז"ל בהקדמה לשער ההקדמות - והנה מה שכתב בתחילת דבריו, ואפילו כל אינון דמשתדלי באורייתא כל חסד דעבדי לגרמייהו וכו', עם היות שפשטו מבואר ובפרט בזמנינו זה, בעוונותינו היום אשר התורה נעשית קרדום לחתוך בה אצל קצת בעלי תורה, אשר עסקם בתורה על מנת לקבל פרס, והספקות יתירות, וגם להיותם מכלל ראשי ישיבות, ודיני סנהדראות, להיות שמם וריחם נודף בכל הארץ, **ודומים במעשיהם לאנשי דור הפלגה הבונים מגדל וראשו בשמים**, ועיקר סיבת מעשיהם היא מה שאמר אחר כך הכתוב - **ונעשה לנו שם**... והנה על הכת הזאת אמרו בגמרא כל העוסק בתורה שלא לשמה, נוח לו שנהפכה שלייתו על פניו, ולא יצא לאויר העולם. ואמנם האנשים האלה מראים תימה וענוה באמרם כי כל עסקם בתורה הוא לשמה. והנה החכם הגדול התנא רבי מאיר ע"ה העיד עליהם שלא כך הוא, באומרו לשון כללות - כל העוסק בתורה לשמה זוכה לדברים הרבה וכו', **ומגלים לו רזי תורה, ונעשה כנהר שאינו פוסק**, והולך וכמעיין המתגבר מאליו, בלתי הצטרכו לטרוח ולעיין בה, ולהוציא טיפין טיפין של מימי התורה מן הסלע, הנה זה יורה זה שאינו עוסק בתורה לשמה כהלכתה, ומי זה האיש אשר לא יזלו

עיניו דמעות בראותו המשנה הזאת, **ורואה חסרונו ופחיתותו**, עד כאן לשונו. לכן כל אחד צריך לטעום מעץ החיים.

**ח**צות לילה אקום להודות לך על משפטי צדקך. כתב רבינו אליהו מני זצ"ל רבו של הרי"ח הטוב, בספרו הקדוש כסא אליהו שער ד' וז"ל - ואם זיכך הוי"ה ללמוד בחכמת האמת, הנה עצה היעוצה היא שכל סדר הלימוד בנגלה תתנהג בו ביום דוקא. **אבל בלילה תלמוד בחכמת האמת, והעיקר הלימוד אחר חצות**, כי זה הלימוד צריך ישוב דעת הרבה, וכשיקוץ האדם אז דעתו מיושבת עליו יותר. גם גה הלימוד צריך הסתר והצנע, **וכל דבר שיהיה בלילה ובפרט אחר חצות יהיה נסתר יותר מן היום**. ותעשה ועד עם החברים בבית המדרש אם הוא צנוע, **או בביתך ותלמדו בכל לילה**, עד כאן לשונו. וישב ללמוד בלילה תחת עץ החיים.

**ק**ראתי בכל לב עניי הוי"ה חקיך אצרה. בהקדמות[7] לשער ההקדמות מבאר הרב ז"ל - ואמנם אל יאמר אדם אלכה לי ואעסוק בחכמת הקבלה, מקודם שיעסוק בתורה במשנה ובתלמוד, כי כבר אמרו רבינו ז"ל - אל יכנס אדם לפרדס **אלא אם כן מלא כריסו בבשר ויין**, והרי זה דומה לנשמה בלתי גוף, שאין לה שכר ומעשה וחשבון, עד היותה מתקשרת בתוך הגוף, בהיותו שלם מתוקן במצוות התורה בתרי"ג מצוות. **וכן בהפך** בהיותו עוסק בחכמת המשנה והתלמוד בבלי, ולא ייתן חלק גם אל סודות התורה וסתריה, כי **הרי זה דומה לגוף היושב בחושך**, בלתי נשמת אדם נר הוי"ה המאירה בתוכה, **באופן שהגוף יבש בלתי שואף ממקור חיים**, אשר זהו עניין אומרו במקום אחר ההוא הנזכר לעיל וז"ל - דאילין אינון דעבדי לאורייתא יבשה, ולא בעאן לאשתדלא בחכמת הקבלה וכו'. באופן כי התלמידי חכמים העוסקים בתורה לשמה, ולא לשמו, לעשות לו שם. צריך שיעסוק בתחילה בחכמת המקרא, והמשנה, והתלמוד, כפי מה שיוכל שכלו לסבול. ואחר כך יעסוק לדעת את קונו בחכמת האמת, וכמו שציוה דוד המלך ע"ה את שלמה בנו - דע את אלה"י אביך ועבדהו. ואם האיש הזה יהיה כבד וקשה בעניין העיון בתלמוד, מוטב לו שיניח את ידו ממנו, אחר שבחן מזלו בחכמה זאת, ויעסוק בחכמת האמת. וזה שמבואר כל תלמיד חכם שאינו רואה סימן יפה בתלמוד בחמשה שנים, שוב אינו רואה, עד כאן דברי קודשו. ומזה כל אחד ואחד חייב להדבק במקור החיים.

**ח**סדך הוי"ה מלאה הארץ חקיך למדני. בשער הגלגולים, בקדמה ט"ז כתב הרב ז"ל - עוד צריך שתדע, כי האדם צריך לקיים כל התרי"ג מצות, במעשה, ובדבור, ובמחשבה. וכמו שאמרו ז"ל על פסוק - זאת התורה לעולה ולמנחה וכו', כל העוסק בפרשת עולה, כאלו הקריב עולה וכו'. וכוונו בזה שהאדם מחוייב לקיים כל התרי"ג מצות בדבור, וכן על דרך זה במחשבה. ואם לא קיים כל התרי"ג בשלשה בחינות הנזכרות, מחוייב להתגלגל עד שישלים אותם. **עוד דע**, כי האדם מחויב לעסוק בתורה בארבעה מדרגות, **שסימנם פרד"ס**, והם, פשט, רמז, דרוש, סוד וצריך שיתגלגל עד שישלים אותם. ובהקדמה י"ז כותב הרב ז"ל, וז"ל - שהאדם **מחוייב לעסוק בתורה בארבעה מדרגות שבה**, והיא זאת, דע, כי כללות כל הנשמות הם ששים רבוא ולא יותר. והנה התורה היא שרש נשמות ישראל, כי ממנה חוצבו, ובה נשרשו. ולכן יש בתורה ששים רבוא פירושים, וכלם כפי הפשט. וששים רבוא ברמז. וששים

---



ע"ח ד"א ע"ד.

רבוא בדרש. **וששים רבוא בסוד.** ונמצא, כי מכל פירוש מן הששים רבוא פרושים, ממנו נתהווה נשמה אחת של ישראל, ולעתיד לבא כל אחד ואחד מישראל, ישיג לדעת כל התורה כפי אותו הפירוש המכוון עם שרש נשמתו, אשר על ידי הפירוש ההוא נברא ונתהווה כנזכר. וכן בגן עדן אחר פטירת האדם, ישיג כל זה. וכן בכל לילה כאשר האדם ישן, ומפקיד נשמתו ויוצאה ועולה למעלה, הנה מי שזוכה לעלות למעלה, מלמדים לו שם אותו הפירוש, שבו תלוי שרש נשמתו. ואמנם הכל כפי מעשיו ביום ההוא, כך באותה הלילה ילמדוהו, פסוק אחד, או פרשה פלונית, כי אז מאיר בו יותר פסוק ההוא משאר הימים. ובלילה האחרת יאיר בנשמתו פסוק אחר, כפי מעשיו של אותו היום, וכולם על דרך הפירוש ההוא אשר תלויה בו שרש נשמתו כנזכר, עד כאן דברי קודשו. ור"ל שכל יהודי ויהודי חייב להשיג את שורש נשמתו, וללמוד את סוד החיים.

יבאוני רחמיך ואחיה כי תורתך שעשעי. מבואר במדרש משלי - אמר רבי ישמעאל, בוא וראה כמה קשה יום הדין שעתיד הקדוש ברוך הוא לדון את כל העולם כולו בעמק יהושפט. בזמן שתלמידי חכמים באים לפניו, אומר לכל אחד מהם - כלום עסקת בתורה, אמר לו הן, אומר לו הקדוש ברוך הוא הואיל והודית, אמור לפני מה שקרית, ומה ששנית בישיבה, ומה ששמעת בישיבה. מכאן אמרו - כל מה שקרא אדם יהא תפוש בידו, ומה ששנה כמו כן, שלא תשיגהו בושה ליום הדין. מכאן היה רבי ישמעאל אומר - אוי הלה לאותה בושה, אוי לה לאותה כלימה, ועל זה ביקש דוד מלך ישראל בתפילה ובתחנונים לפני המקום ואמר - הוי"ה בוקר תשמע קולי בוקר אערך לך ואצפה. בא לפניו מי שיש בידו מקרא ואין בידו משנה, הקדוש ברוך הוא הופך את פניו ממנו, ושרי גיהנם מתגברים בו כזאבי ערב, ונוטלין אותו ומשליכין אותו לתוכה. בא לפניו מי שיש בידו שני סדרים או שלושה, אז הקדוש ברוך הוא אומר לו - בני, כל ההלכות למה לא שנית אותם, ואם אומר הקדוש ברוך הוא הניחוהו, מוטב, ואם לאו עושין לו כמידת הראשון. בא לפניו מי שיש בידו הלכות, הקדוש ברוך הוא אומר לו - בני, תורת כהנים למה לא שנית, שיש בה טומאה וטהרה, וטומאת שרצים וטהרת שרצים, טומאת נגעים וטהרת נגעים, טומאת נתקים ובתים וטהרת נתקים ובתים, טומאת זבים ולידה וטהרת זבים ולידה, טומאת מצורע וטהרתו, סדר ווידוי יום הכיפורים, וגזירות שוות, ודיני ערכים, וכל דין שדנו ישראל לא דנו אלא מתוכו. בא לפניו מי שיש בידו תורת כהנים, אומר לו הקדוש ברוך הוא - בני, חמישה חומשי תורה למה לא שנית, שיש בהם קריאת שמע, ותפילין, ומזוזה. בא לפניו מי שיש בידו חמישה חומשי תורה, אומר לו - בני, למה לא למדת הגדה, ולא שנית, שבשעה שחכם יושב ודורש, אני מוחל ומכפר עוונותיהם של ישראל, ולא עוד אלא בשעה שעונין אמן יהא שמיה רבה מברך, אפילו נחתם גזר דינם אני מוחל ומכפר להם עוונותיהם. בא לפניו מי שיש בידו הגדה, אומר לו הקדוש ברוך הוא - בני, תלמוד למה לא שנית, שנאמר - כל הנחלים הולכים אל הים והים איננו מלא, זה התלמוד, שיש בו חכמות הרבה. בא מי שיש בידו תלמוד, הקדוש ברוך הוא אומר לו - בני, הואיל ונתעסקת בתלמוד, **צפית במרכבה, צפית בגאוה,** שאין הנייה בעולמי, אלא בשעה שתלמידי חכמים יושבים ועוסקים בתורה, מציצין ומביטין ורואין והוגין המון התלמוד הזה - **כסא כבודי היאך הוא עומד. רגל הראשונה במה היא משמשת, שנייה במה היא משמשת, שלישית במה היא משמשת, רביעית במה היא משמשת, חשמל היאך הוא עומד, ובכמה פנים הוא מתהפך בשעה אחת, לאי זה רוח הוא משמש, הברק היאך הוא עומד, כמה פנים של זוהר נראין בין כתפיו, לאיזה רוח משמש, כרוב היאך הוא עומד, לאי זה רוח הוא משמש. גדולה מכולם**

עיון כיסא הכבוד, היאך הוא עומד, עגול הוא כמין מלבן, ומתוקן הוא, כמה גשרים יש בו, כמה הפסק בין גשר לגשר, וכשאני עובר באיזה גשר אני עובר, ובאי זה גשר האופנים עוברים, ובאיזה גשר הגלגלים עוברים. **גדולה מכולם מצפורני ועד קודקודי, היאך אני עומד, כמה שיעור בפיסת ידי, וכמה שיעור אצבעות רגלי. גדולה מכולם כיסא כבודי, היאך הוא עומד, לאיזה רוח הוא משמש, באחד בשבת לאיזה רוח הוא משמש, בשני בשבת לאיזה רוח הוא משמש, בשלישי בשבת לאיזה רוח הוא משמש, ברביעי בשבת, בחמישי בשבת, בשישי בשבת לאיזה רוח משמשין, וכי לא זהו הדרי, זהו גדולתי, זהו הדר יופי, שבניי מכירין את כבודי במידה הזאת.** ועליו אמר דוד - מה רבו מעשיך הוי"ה, כולם בחכמה עשית, מלאה הארץ קנינך. עד כאן לשון המדרש. ממדרש זה לומדים על חובת כל אחד ואחד מישראל את לימוד כל חלקי הפרד"ס, ובעיקר את בחינת הסוד שבתורה, הנקרא[8] מעשה מרכבה, ובמעשה בראשית. ומבאר הרב בית לחם יהודה על השינוי שיש בפסוקים במעמד הר סיני, בפסוק אחד כתוב - ויחן שם **ישראל** תחת ההר. ומספר פסוקים יותר מאוחר כתוב וירא **העם** וינועו מרחק. וידוע כי כאשר כתוב בתורה **ישראל**, מדובר **בבני ישראל**, וכאשר כתוב **העם**, מדובר על **הערב רב**. וז"ל הרב בית לחם יהודה - ובזוהר בהעלותך דף קנ"ב ע"א קרי להעוסקים בחכמת האמת, אינון דהוי קיימי בטורא דסיני. וז"ל - חכמין עבדי דמלכא עלאה אינון דקיימו בטורא דסיני, לא מסתכלי אלא בנשמתא, דאיהי עיקרא דכלא אורייתא ממש וכו'. ונראה בעיני אם מותר, משמע אותן שאינן יודעים סודות התורה לא עמדו על הר סיני, עד כאן לשונו. ונראה לי בביאור כוונתו כי בתחלה כשיצאו ישראל לקראת האלהי"ם, היו מתייצבים בתחתית ההר, ואחר כך נאמר וירא העם וינועו ויעמדו מרחוק, כי היו יראים פן תאכלם האש הגדולה הזאת וימיתו. והיה מקצת מהעם שהיו שמחים ושמחים לקראת השכינה, ולא רצו לזוז ממקומם הראשון, ולעמוד מרחוק, אפילו אם ימיתו ממש. ועליהם הוא מה שכתב בזוהר הנזכר - אינון דקיימו בטורא דסיני, כלומר ולא נעו ועמדו מרחוק, אלא עמדו בטורא דסיני מתחלה ועד סוף, ולכן הם זוכים לחכמת האמת. ואתם הנשמות אשר נעו עם העם ועמדו מרחוק, כן הם עושים גם עתה, שנסים ועומדים מרחוק לחכמת האמת מיראתם, פן תאכלם האש הגדולה הזאת. ולכן על כל אחד ואחד מבני ישראל הקדושים מחויב לעמוד תחת עץ החיים.

**יראיך** יראוני וישמחו כי לדברך יחלתי. בספר הזוהר הקדוש מבואר מדוע התפילות של בני ישראל לא נענות, וז"ל תיקוני הזוהר תיקון מ"ג - **בראשית תמן את"ר יב"ש** במלת בראשית יש אותיות את"ר יב"ש, **ודא איהו ונהר יחרב ויבש** היסוד הנקרא נהר יחרב ויבש ממי השפע, ואין לו מה להשפיע למלכות, **בההוא זמנא דאיהו יבש** באותו הזמן שהיסוד הוא יבש, **ואיהי יבשה** המלכות הנקראת יבשה, היא יבשה כי לא מקבלת שפע מהיסוד, אז כאשר **צווחין בנין לתתא** מתפללים וצועקים בני ישראל, **ביחודא ואמרין** וביחוד שאומרים בני ישראל **שמע ישראל** שיבא ז"א הנקרא ישראל להתיחד עם נוקבא בשעת התפילה דעמידה, עם כל זאת **ואין קול** של התפילה או הקריאת שמע שעוזרים לזיווג דזו"ן **ואין עונה** ואין מי שיענה וימלא את הבקשות בתפילתם. **הדא הוא דכתיב** וזהו שכתוב - **אז** בני ישראל יקראוני בני ישראל בעת צרתם בקריאת שמע ובתפילה, **ולא אענה** ואני לא אענה אותם בתפלתם, מפני שלא לומדים ומתעסקים בפנימיות התורה. **והכי מאן דגרים דאסתלק** וכל מי שגורם הסלקות

---

פנימיות תורת **הקבלה וחכמתא מאורייתא דבעל פה ומאורייתא דבכתב** מהתורה שבעל פה והתורה שבכתב, **וגרים דלא ישתדלון בהון** וגורמים גם לאחרים שלא יתעסקו וילמדו את חכמת הקבלה, **ואמרין דלא אית אלא פשט באורייתא ובתלמודא** ואומרים שאין בתורה ובתלמוד אלא פשט התורה, בלי פנימיות הסוד, **בודאי כאלו הוא יסלק נביעו מההוא נהר** בודאי נחשב לו כאילו הוא מסתלק את נביעת שפע החכמה והבינה מן היסוד, **ומההוא גן** ומן הנוקבא הנקראת גן, **ווי ליה** לאותו יהודי **טב ליה דלא אתברי בעלמא** טוב לו שלא היה נברא, **ולא יוליף ההיא אורייתא דבכתב ואורייתא דבעל פה** ולא היה לומד תורה שבכתב ותורה שבעל פה, כי דינו כעם הארץ שלא למד כלל, ועוד **דאתחשב ליה כאלו אחזר עלמא לתהו ובהו** שנחשב לו כאילו החזיר את העולם לתהו ובהו, ר"ל לסוד שבירת הכלים לפי שמגביר הקליפות כאשר הנהר והגן יבשים, **וגרים עניותא בעלמא ואוריך גלותא** וגורם עניות בעולם ומאריך את הגלות השכינה וביאת המשיח. עד כאן דברי הזוהר הקדוש. וכותב רב חיים ויטאל זלה"ה בהקדמה וז"ל - אמנם שעשועות של הקדוש ברוך הוא בתורה, והיותו בורא בה את העולמו, היתה בהיותו עוסק בתורה בבחינת הנשמה הפנימית שבה, הנקרא - רזי תורה, הנקרא מעשה מרכבה, **היא חכמת הקבלה** כנודע אל היודעים, וטעם הדבר הוא להיותו עולם האצילות העליון מאד, טוב ולא רע, דלא יכיל להתערבא עמיה קליפה, ועליה אתמר - וכבודי לאחר לא אתן, כנזכר בספר התיקונין דף ס"ו תיקון י"ח, וכן בספר הזוהר בפרשת בראשית דף כ"ח ע"א עיין שם. ולכן גם התורה אשר שם ]**אח"י** - בעולם האצילות[ איננה רק מופשטת מכל לבושי הגופנים, מה שאין כן למטה בעולם היצירה, עולם דמטטרו"ן, הנקרא עבד טוב, והוא הנקרא עץ הדעת טוב מסטרא, ומסטרא דסמא"ל שהוא קליפין דיליה, **נקרא עבד רע**, כי התורה אשר שם, הם שית סדרי משנה **הנקראים שפחה** כנזכר לעיל, וכנזכר בפרשת בראשית שם דף כ"ז ע"א. ולכן נקראת משנה, לפי ששם יש שינויים הפוכים **טוב מסטרא דעבד טוב**, היתר, כשר, טהור. **רע מסטרא דעבד רע**, איסור, טמא, פסול. גם הוא מלשון כי מרדכי היהודי משנה למלך, שהיה שפחה הנקרא עבד מלך, מלך גם נקרא מלשון שינה, כנזכר בפרשת פינחס דף רמ"ד ע"ב - קם זמנא תנינא ואמר, מארי מתניתין נשמתין ורוחין ונפשין דילכון אתערו כען ואעברו שינתא מניכון דאיהו, ודאי משנה אורח פשט, דהאי עלמא ואנא לא אתערנא בכו, אלא ברזין עילאין דעלמא דאתי דאתון בהון, לא ינום ולא ישן. וזה יובן במה שמבואר יותר למעלה שם - **ורבנן דמתניתין ואמוראי, כל תלמודא דלהון על רזין דאורייתא סדרו ליה.** ונמצא כי המשנה והש"ס הם הנקרא גופי תורה. והנה דבריהם כחלום בלי פתרון, **ורזיה וסתריה הפנימים הנקרא נשמת התורה, הם הם פתרון החלום הנפתר בהקיץ**, בסוד - אני ישנה ולבי ער, וכמו[9] שאמרו חכמים ז"ל - **במחשכים הושיבני כמתי עולם, זה תלמוד בבלי**, אשר איננו מאיר אלא על ידי ספר הזוהר, **הם הם רזי תורה וסתריה** אשר עליהם נאמר - ותורה אור. ואין ספק כי כמו שהיצר נקראת עבד ושפחה בערך האצילות, ונקרא קליפין ולבושין דחול, כנזכר בהקדמת ספר התיקונין ד"ג ע"ב וז"ל - וביומי דחול לביש עשר כתות דמלאכיא דמשמשי לעשר ספירות דבריאה. ואם כן אין לתמוה כי התורה אשר שם שהיא המשנה, תהיה נקרא שפחה וקליפין דתורה דאצילות, וזה סוד כל הבשר חציר הנזכר לעיל במאמר הראשון, כי כמו שהחטה שהיא בגימטריא כ"ב אותיות התורה, הגנוזה תוך כמה קליפין ולבושין שהם הסובין והמורסן והתבן והקש והעשב, הנקרא חציר, כן המשנה אצל



סנהדרין דכ"ד ע"א.

סודות התורה נקרא חציר, וזה נרמז בספר הזוהר פרשת כי תצא ברעיא מהמנא דך רע"ה ע"ב - **אצל רבנן ווי לאינון דאכלין תבן דאורייתא, ולא ידעי בסתרי אורייתא, אלא קלין וחמורין דאורייתא, קלין אינון תבן דאורייתא, וחמורין אינון חטה דאורייתא, ח"ט ה' אלנא דטוב ורע וכו'**. ואלו באתי להרחיב דרוש זה לא יספיקו מאה קונטרסין בלי ספק בלי שום גוזמא, האמנם החכם עיניו בראשו כי דברי אמת אני אומר, ואל יתמה האדם בראותו ספר הזוהר איך קורא אל המשנה שפחה וקליפין, כי עסק המשנה כפי פשטיה, **אין ספק שהם לבושין וקליפין חיצונים בתכלית אצל סודות התורה הנגנזים**, ונרמזים בפנימיותה כי כל פשטיה הם בעלם הזה בדברים חומרים תחתונים..... על כן על כל בני ישראל לאכול מעץ החיים.

**מ**ה אהבתי תורתך כל היום היא שיחתי. ומבאר הרב ז"ל בהקדמה לשער המצות, כי עסק לימוד פנימיות התורה הוא חלק בלתי נפרד מתלמוד תורה, וז"ל - גם בענין עסק התורה שהיא אחת מרמ"ח מצות עשה, אם לא השלים אותה, **שהוא ענין עסקו בפרד"ס התורה**, שהוא ראשי תיבות **פשט רמז דרש סוד**, בכל בחינה מהם כפי אשר יוכל להסיג, **עד מקום שידו מגעת**, לטרוח ולעשות לו רב שילמדנו. ואם לא עשה כן, הרי חסר מצוה אחת של תלמוד תורה, שהיא גדולה ושקולה ככל המצות, וצריך **להתגלגל** עד שיטרח הארבעה בחינות של פרד"ס כנזכר. וכן מבאר הרב בית לחם יהודה בהקדמתו הקדושה, וז"ל - ומה מאד נמלצו [**אח**"**י** - מלשון מליצה] בזה דברי הנביא ירמיה )סימן כ"ב( באומרו - אל תבכו למת וכו'. שהוא מדבר עם הציבור המתקבצים להספיד על איזה צדיק הנפטר רח"ל, על שנחסר צדיק אחד מהדור שהיה מנין בזכותו עליהם. וקאמר להו הנביא אל תבכו וכו', **לפי שרובם של צדיקים אינם זוכים לעסוק בכל ארבעה חלקי הפרד"ס, ואם כן מוכרחים הם לחזור ולבוא בגלגול כדי להשלים לימודם בארבעה חלקים**, כי אפילו הוא עסק בשלוש חלקי הפרד"ס, לא יצא ידי חובתו, ועליו נאמר הן כל אלה יפעל א"ל פעמים שלש עם גבר, להחזירו בגלגול. ואם כן הוא פסידא דהדרא. ואפשר שבו ביום שנפטר הוא חוזר ומתגלגל, כנזכר בזוהר ריש פרשת אמור, יעו"ש. ואם כן אין לכם פסידא כל כך. אמנם בכו בכו להלך, לאותו צדיק שכבר עסק בארבעה חלקי הפרד"ס. כי תיבת להלך היא חסר ו', ואם תחשוב תיבת להלך ארבעה פעמים עם ארבעה הכוללים, שהם כנגד ארבעה חלקי הפרד"ס, הם בגימטריא פרד"ס. **שזה הצדיק לא ישוב עוד וראה את ארץ מולדתו, כי על ארבעה לא אשיבנו**. שזהו פסידא דלא הדרא באמת, ונחסר לגמרי מן העולם הזה, עד כאן לשונו. ולכן חובה על כל אדם לעסוק בכל חלקי הפרד"ס, ובפרט בחלק הסוד, הנקרא פנימיות התורה, כמבואר בזוהר הקדוש כמובא בזוהר הקדוש פרשת נשא דף קכ"ד - **בהאי חבורא דילך דאיהו ספר הזוהר יפקון ביה מן גלותא ברחמי**, בזכות הלימוד בספר הזוהר הקדוש, יצאו בני ישראל מהגלות **ברחמים**. ועוד כל מי שחשקה נפשו ללמוד, אסור למנוע זאת ממנו, בסוד הפסוק[10] - אל תמנע טוב מבעליו, ועל כל אדם להיכנס לפרד"ס החיים.

**א**שרי האיש אשר לא הלך בעצת רשעים ובדרך חטאים לא עמד ובמושב לצים לא ישב. דע כי יהיו הרבה אנשים רשעים, שינסו למנוע מבני ישראל הקדושים ללמוד תורה בכללות, ובפרט את תורת הקבלה, מכל מיני סיבות ומניעות, והשטן מדבר מגרונם של אלו הרשעים. ואלו

---



**משלי ג' כ"ז** – אל תמנע טוב מבעליו בהיות לאל ידך לעשות.

דברי קודשו של בעל שבט מוסר רבינו אליהו הכהן האתמרי זצלה"ה - ובהביטך בן אדם מה שעבר על אחרים למה תרדוף אתה אחר כל אלה הדברים הזרים, להשביע נפש מרורים ולמוסרה ביד צרים המה המקטרגים הצוררים, ולמה לא תחמול על נפשך ועל נועם תבנית צלם גופך למוסרו בידן ולהשליכו בתוך גחלי רתמים בטיט היון של גיהנם, להשחירו ולהתיכו כאשר ניתך הזפת בפני האש, אשר על כן תן עצה בנפשך **לברור בדרך החיים בעסק התורה והמצות,** וגם להצטער עצמך זמן קצוב הם חיי עולם הזה, כדי שתתענג זמן רב בלתי סוף ותכלית, ואל יעלה על דעתך כאשר עלה בדעת הרבה שנאבדו בידם באומרם כיון שמכיר אני בעצמי שאין בדעתי להבין ולהשכיל, איני עוסק בתורה, טועה הוא בדבר, שהרי הוא מחוייב לעשות מה שנצטוה לעשות, ואם יבין יבין, **שהרי והגית בו יומם ולילה כתיב** ולא כתיב ותבין בו, וכן תמצא בדברי התנא אם למדת תורה הרבה נותנין לך שכר הרבה, ואינו אומר אם הבנת הרבה, אלא למדת אמרו, ותשתדל להבין ואם תבין תבין, ואם לא שכר לימודך בידך, וכמאמר התנא לפום צערא אגרא, ומה גם שאמרו האדם אינו לומד מפני שאיני מבין, **הוא פיתוי היצר,** יתמיד בלימודו וסוף הבינה לבא, שבראות קדוש ברוך הוא **חשקו בתורתו ודבקותו בה, פותח לו מעייני החכמה,** דכתיב - כי הוי"ה יתן חכמה מפיו דעת ותבונה. והנני מוסר לך דבר אשר תרדוף אחריה, ויהיה חיים לנפשך וענקים לגרגרותיך, **לעולם יהיה עיקר לימודך בדבר של תורה שליבך חפץ יותר,** אם בגמרא גמרא, ואם בדרוש דרוש, ואם ברמז רמז, **ואם בקבלה קבלה,** ורמז לדבר כי אם בתורת הוי"ה חפצו, כלומר תורת הוי"ה תלויה בדבר שלבו חפץ לעסוק, וכמו שמבאר האר"י זלה"ה בספר דרושי הנשמות והגלגולים פרק שלישי, וז"ל - יש בני אדם שכל חפצם ועסקם בפשטי התורה, ויש שעסקם בדרוש, ויש ברמז, ויש גם כן בגימטריות, **ויש בדרך האמת,** הכל כפי מה שעליו נתגלגל בפעם ההוא, כיון שהשלים פעם אחרת בשאר העניינים, אין צורך לו שבכל גלגול יעסוק בכולם, עד כאן לשונו. **ואל תביט ותשגיח לדברי המתנגדים על מה שחשקת לעסוק בתורה** בגמרא או בדרוש וכו', באומרם לך למה אתה מוציא כל ימיך בפרט זה של תורה ולא בפרט זה, משום שעל מה שחשקת ללמוד, על דבר זה באת לעולם, ואם תשים דעתך לדבריהם, יכריחוך להתגלגל בזה העולם פעם אחרת ולעבור נפשך בחרב חדה של מלאך המות ולטעום טעם מיתה, ולכן לא תשמע לדברי המשחית נפשך, **כי דע שהשטן מתלבש באלו האנשים לדאוג ולהצטער ולהכאיב נפש הלומד ועוסק בתורה,** בחלק שאָנתָה נפשו לעסוק, כדי להבדילו משם שלא ישלים נפשו, על מה שבא להשלימה, ולהכריחו גלגולים אחרים, וכשם שבדבר שחושק יותר האדם ללמוד, משם יבין שעל דבר זה נתגלגל להשלים, כך צריך האדם שידע שורש נשמתו ומהיכן נמשך ועל מה בא לתקן ולהשלים, כמו שאמר בזוהר שיר השירים על הגידה לי את שאהבה נפשי וכו'. **וכדי שיביין יראה באיזה מצוה תקיף יצרו יותר לבטלה יתחזק בה לקיימה, כי בוודאי על מצוה זו נתגלגל,** וכדי שלא ישלים חוקו מנגדו יצרו לבטלה להוציאו מן העולם בידיים ריקניות... ולכן לא תשמע לדברי רשעים אלו, אלא תשמע לדברי **חיים.**

**חבר** אני לכל אשר יראוך ולשמרי פקודיך. בסוף[11] עץ חיים מובא מספר כללים למהרח"ו, וז"ל - להאר"י זלה"ה. הרמב"ן וחבריו ודברי ראשונים כמו רבי נחוניא בן הקנה לא הזכירו רק עשר ספירות, ולא גילו ענייני פרצוף כלל. **ודע שהרמב"ן והראשונים היו יודעים**

---



**ע"ח ח"ב דקי"ט ע"א.**

**בפרצוף**, אלא שדברו בהעלם גדול, לרוב הגלות שלא ניתן רשות לגלות, ולהתפשט האורות הגדולים, מאחר שגברו הקליפות, וכל זר לא יאכל קדש. **אמנם בעקבות משיחא כמו בדורינו זה התחילו האורות להתפשט להיות כבראשונה**, כמו שהיה בזמן העולם מתוקן ולהתתקן מעט. ומתחלה היו האורות סתומים, היה העולם מקולקל, וכל מה שנתקלקל נסתם בגלות, ולא היו משיגין אלא עשר ספירות בסתום, בסוד הנקודות, כל אחד כלול מעשר, ובענין הפרצופים לא נתגלה להם כלל, לפי שמצאו בדברי הראשונים סתומים, ולא ידעו עומק הדברים, וחשבו שכך הוא ודברו בעשר ספירות כל אחד כלול מעשר ובחינות הרבה, ולפי שראיתי מי שחולק על דברים אלו לאמור שלא מצינו אלא עשר ספירות, ומהיכן יש לשלוט כח לאמור כמה פרצופים שנמצא יותר מעשר ספירות, ומספר רב והלא הראשונים כתבו בספר יצירה - עשר ולא תשע, עשר ולא י"א, לזה באתי לפתוח לך כחודא דמחטא, אולי תזכה להבין מקצת, וכולו לא תשורנו עין, וזהו. ובהקדמתו[12] הקדושה כותב הרב ז"ל - והנה אין בכל דור ודור שלא נמצאו בו אנשים יחידי סגולה ששרתה עליהם רוח הקודש, והיה אליהו הנביא ז"ל נגלה עליהם, **ומלמד אותם סתרי החכמה הזאת**, וכמו שנמצא כתוב בספרי המקובלים, גם בעל ספר הרקנטי כתב בפרשת נשא בפרשת ברכת כהנים..... ואנשי לבב שמעו לי, אל יהרסו אל הוי"ה, **לראות בספרי האחרונים הבנויים על פי השכל האנושי**, ושומע לי ישכון בטח ושאנן מפחד רעה. ולכן אני הכותב הצעיר חיים וויטאל, רציתי לזכות את הרבים **בהעלם נמרץ והמשכילים יבינו**, וקראתי שם החבור הזה על שמי **ספר עץ חיים**, וגם על שם החכמה הזאת העצומה, חכמת הזוהר, הנקרא עץ חיים, ולא עץ הדעת כנזכר לעיל, בעבור כי בחכמה הזאת טועמיה חיים זכו, ויזכו לארצות החיים הנצחיים, **ומעץ החיים הזה ממנו תאכל, ואכל וחי לעולם**. ואשכילך ואורך דרך זו תלך דע מן היום אשר מורי זלה"ה החל לגלות זאת החכמה, **לא זזה ידי מתוך ידו אפילו רגע אחד**, וכל אשר תמצא כתוב באיזה קונטריסים על שמו ז"ל, ויהיה מנגד מה שכתבתי בספר הזה, **טעות גמור הוא, כי לא הבינו דבריו, ואם יש בהם איזה תוספות שאינו חולק עם ספרינו זה, אל תשית לבך בקבע אליו, כי שום אחד מהשומעים את דברי קדשו, לא ירדו לעומק דבריו וכוונתו, ולא הבינום**, בלי שום ספק. ואם יעלה בדעתך לחשוב שתוכל לברור הטוב ולהניח הרע, אל בינתך אל תשען, כי אין הדברים האלו מסורים אל לב האדם כפי שכל אנושי, והסברא בהם סכנה עצומה, ויחשב בכלל קוצץ בנטיעות חס ושלום, לכן הזהרתיך ואל תסתכל בשום קונטרסים הנכתבים בשם מורי זלה"ה, זולתי במה שכתבנו לך בספר הזה, **ודי לך בהתראה זאת**, אלו הם דברי קודשו. ועלינו ללמוד אך ורק בתורת מורינו חיים.

**אני** קראתיך כי תעננִי אל הט אזנך לי שמע אמרתי. עוד כתב הרב ז"ל בהקדמתו תנאים כדי לזכות לחכמה הקדושה הזאת, וז"ל - אני הכותב משביע בשמו הגדול יתברך, לכל מי שיפלו הקונרטסים אלו לידו, שיקרא הקדמה זאת, ואם אותה נפשו לבוא בחדרת החכמה זאת, יקבל עליו לגמור ולקיים כל מה שאכתוב ויעיד עליו יוצר בראשית, שלא יבוא אליו היזק בגופו ונפשו, ובכל אשר לו, ולא לאחרים. תחת רודפו טוב והבא לטהר ולקרב. **ראשית הכל יראת הוי"ה, להשיג יראת העונש, כי יראת הרוממות, שהוא יראה הפנימית, לא ישיגוהו רק מתוך גדלות החכמה**, ועיקר מגמתו בידיעה הזה יהיה לבער קוצים מן הכרם, כי לכן נקראים

---

12

ע"ח ד"ד ע"ב.

העוסקים בחכמה הזאת מחצדי חקלא. **ובודאי שיתעוררו הקליפות נגדו לפתותו ולהחטיאו, לכן יזהר שלא לבוא לידי חטא אפילו שוגג,** שלא יהיה להם שייכות בו, לכן צריך ליזהר מהקלות, כי הקדוש ברוך הוא   מדרדק עם הצדיקים כחוט השערה, לכן צריך לפרוש עצמו מבשר ויין כל ימות השבוע, **וצריך הזהרת סור מרע ועשה טוב,** ובקש שלום. בקש שלום צריך להיות רודף שלום, ולא להקפיד בביתו על דבר קטן וגדול, וכל שכן שלא יכעוס ח"ו.

### וצריך להתרחק בתכלית הריחוק סור מרע.

**א.** ליזהר בכל דקדוקי מצות, ואפילו בדברי חכמים, שהם בכלל לא תסור.

**ב.** לתקן המעוות קודם שיבא לעולם הבא.

**ג.** יזהר מהכעס, אפילו בשעה שמוכיח את בניו, לא יכעוס כלל ועיקר.

**ד.** גם צריך ליזהר מהגאוה, ובפרט בענין הלכה, כי גדול כחה והגאוה, בזה עון פלילי.

**ה.** בכל צער שיבא לו, יפשפש במעשיו וישוב אל הוי"ה.

**ו.** גם יטבול בעת הצורך לו.

**ז.** גם יקדש את עצמו בתשמיש המטה שלא יהנה.

**ח.** שלא יעבור כל לילה ויחשוב בכל לילה מה שעשה ביום, ויתודה.

**ט.** גם ימעט בעסקיו ואם אין לו פרנסה כי אם על ידי משא ומתן, יכין יום שלישי ויום רביעי, מחצי היום ואילך, ובכוונה שהוא לעבודת קונו.

**י.** כל דבור שאינו של מצוה והכרחי, יהיה זהיר ממנו, ואפילו דבר מצוה ימנע בשעת התפלה.

### ועשה טוב

**א.** לקום בחצי הלילה, ולעשות הסדר בשק ואפר ובכי גדול, ובכוונה כל אשר יוציא בשפתיו. ואחר כך יעסוק בתורה כל זמן שיוכל להיות בלי שינה, ובלבד שחצי שעה קודם עלות השחר יתעורר לעסוק בתורה.

**ב.** ילך לבית הכנסת קודם עלות השחר, קודם חיוב טלית ותפילין, להיזהר שיהיה מעשרה ראשונים.

**ג.** קודם שיכנס, ישים אל לבו מצות עשה ואהבת לרעך כמוך, ואחר כך יכנס.

**ד.** להשלים רמז צדיק בכל יום. שהוא צ' אמנים, ד' קדושות, י' קדישים, ק' ברכות.

**ה.** שלא להסיח דעתו מהתפילין בעת התפילה, זולת בעת העמידה ועסק התורה.

**ו.** צריך שיהיה עוסק בתורה, מעוטף בטלית ותפילין.

**ז.** לכוין בתפלה הכוונות, כמו שנבאר בע"ה.

**ח.** שישים תמיד נגד עיניו שם בן ארבעה אותיות הוי"ה, ויזדעזע ממנו, כמו שכתוב - שויתי הוי"ה לנגדי תמיד.

**ט.** שיכוין בכל הברכות, בפרט בברכת הנהנין.

**י.** צריך שיהיה עמל בתורה פרד"ס, שנאמר או יחזיק במעוזי, ואל יחשוב שיגלו לו רזי התורה בהיותו ריק, כדכתיב - יהב חכמתא לחכימין, וצריך ליזהר שלא יוציא בשפתיו בחכמה זו, מה שלא שמע מאדם שראוי לסמוך עליו, וכאזהרת רשב"י וחבריו. השגת החכמה תנאי הראשון, צריך למעט דבורו, ולשתוק, כל מה שיוכל כדי שלא להוציא שיחה בטילה, כמאמר רז"ל - סייג לחכמה שתיקה. גם תנאי אחר, על כל דבר תורה שלא תבינהו, תבכה עליו כל מה שתוכל. גם עלית הנשמה בלילה לעולם העליון, שלא תשוט בהבלי העולם, תלוי שתישן בבכיה. ומרת

עצבות מגונה עד מאוד, ובפרט להשיג חכמה, והשגה אין לך דבר מונע השגה יותר מזה. גם בענין השגת האדם, אין לך דבר שמועיל כמו הטהרה והטבילה, שיהיה האדם טהור, בכל עת ומורי זלה"ה עם היות שהיה לו חולי השבר שהיקור מזיק לו, עם כל זה לא היה מונע מלטבול בכל עת, עד כאן דברי קודשו. ועלינו לקיים את בקשת הרב ז"ל את הבחינות של[13] סור מרע ועשה טוב, כדי לטפס בעץ החיים.

**מרן הרש"ש** מעיד[14] על עצמו, וז"ל - וראיתי מה שכתבו מעלת כבוד תורתם, על ענין עבודת הוי"ה שקצרתי במקום שהיה ראוי להרחיב מעט הדיבור, אמת הוא כי לכתחילה קצרתי בו, **ויען ראיתי כמה מהנזק יצא ממה שכתבו בזה המקובלים שקדמו, כי רבים חללים הפילו, וחלול כבוד הוי"ה, וכבוד התורה. הוי"ה יכפר בעדם, כי כל דבריהם לא על פי התורה הם, ואינם מיוסדים על האמת, ומהם יצאו אבות, ומאבות תולדות הריסת יסודי התורה, הוי"ה** יכפר, אלא שפעם אחת הוכרחתי בעל כרחי לעיין בדף אחד שכתוב בו קצור מה שכתבו בענין זה, **וכמעט שקרעתי בגדי לראות דברים אשר לא כן על הוי"ה.** הוי"ה יכפר, וכבר מילתי אמורה להם, **כי עידי בשמים כי כל עסקי ולמודי, אינו רק בדברי האר"י זלה"ה, ותלמידו מהרח"ו ז"ל לבדם, ובלעדם אין לי עסק בשום ספר מספרי המקובלים ראשונים ואחרונים, ואפילו בדברי שאר תלמידי האר"י** ז"ל לא למדתי, וכשיזדמן לפני דבר מדבריהם, אני מדלגו. כי על כן איני כמזהיר, אלא כמזכיר, למען הוי"ה, אל יהי לכם מגע יד בדבריהם, ובפרט בענין זה, השמרו לכם פן יפתה לבבכם, **אלא כל לימודם לא יהיה אלא בעץ חיים ובספר מבוא שערים ובשמונה שערים המפורסמים,** שכולם דברי אלהי"ם חיים. ואני קצרתי בענין זה כל מה שאפשר, כי יראתי פן יפלו דפים אלו ביד מי שעדיין לא למד דברי האר"י ז"ל כראוי, **ויחשידני שלמדתי בספרים אחרים, ולא כן הוא כאמור,** ולכן קצרתי בו, ופיזרתי בהקדמה, עד כאן דברי קודשו של מרן הרש"ש. ואנחנו תפילה שיתגלה משיח צדיקנו במהרה בימינו, ומלאה[15] הארץ דעה את הוי"ה כמים לים מכסים, דעת תורת החיים.

**כתב** רבינו גאון הקבלה רבי אליהו מני, רבו של הרי"ח הטוב, רבי יוסף חיים בעל הספר "בן איש חי", בספרו הקדוש **כסא אליהו** כי על הלומד ללמוד כל מאמר ומאמר ארבעה חמשה פעמים בלי המפרשים, וינסה להבין את המאמר בעצמו. ואחר כך ילך לראות אם כיוון לדעת המפרשים.

---

13

**תהלים ל"ד ט"ו** – סור מרע ועשה טוב בקש שלום ורדפהו.

14

**נהר שלום דף ל"ד ע"א.**

15

**ישעיהו י"א ט'** – לא ירעו ולא ישחיתו בכל הר קדשי כי מלאה הארץ דעה את הוי"ה כמים לים מכסים.

וכן אני הקטן מבקש בכל לשון של בקשה, ללמוד את הדרוש כמו שהוא מובא בספר עץ חיים, ארבעה חמישה פעמים, כדי לנסות להבין את הדרוש. וכל דרוש מובא בתחילת הספר במלואו.

אחר כך יכנס ללמוד את הדרוש עם ביאור הדברים, עוד ארבעה חמישה פעמים, ואחר כך יראה את המקורות להגהות, ודברי רבותינו הקדושים, עם התרשימים וטבלאות.

ואז יעלה ויצליח בלימוד תורת האר"י הח"י.

כתב רבינו השד"ה רבי שאול דוויק הכהן, בהקדמת ספרו איפה שלימה, על אוצרות חיים וז"ל - וכדי שיוכל לעלות לימודו למעלה, ריח ניחוח לה'. קודם כל לימוד ימסור עצמו על קדושת ה', כי זה מועיל מאוד, כמו שכתוב בשער הכוונות דף כ"ד ע"ב, כי עתה בזמנינו בעונותינו הרבים אין יכולת לעשות זווג כתיקונו למעלה, ולסיבה זו הקץ מתארך וכו'. אמנם עם כל זה יש קצת תיקון במה שנמסור נפשינו על קידוש ה' בכל הלב, כי על ידי כן אפילו אין בנו שום מעשים טובים, והרשענו עד להפליא. הנה על ידי מסירת נפשינו להריגה, מתכפרים עונותינו כולם, ויש בנו יכולת לעלות עד אימא עילאה, כמו שאמרו חז"ל - גדולה תשובה שמגעת עד כסא הכבוד, שנאמר - שובה ישראל עד ה' וכו', עד כאן דבריו.

## וזה הסדר

יקבל עליו ארבע מיתות בית דין, מארבעה אותיות הוי"ה וארבעה אותיות אדנ"י, וליחדם על ידי ארבעה אותיות אהי"ה ועל ידי עסמ"ב

| | | | | |
|---|---|---|---|---|
| סקילה | י | אָ | וליחדם על ידי אָ | יוד הֵי וִיו הִי |
| שרפה | ה | דָ | וליחדם על ידי הֹ | יוד הֵי וָאו הִי |
| הרג | ו | גָ | וליחדם על ידי י | יוד הָא וָאו הָא |
| וחנק | ה | יֹ | וליחדם על ידי הֹ | יוד הֵה וו הֵה |

לְשֵׁם יִחוּד
קֻדְשָׁא בְּרִיךְ הוּא וּשְׁכִינְתֵּהּ

יאהדונהי

וּרְזִזִימוּ וּדְזִזִלוּ          בִּדְזִזִלוּ וּרְזִזִימוּ

אידהויהה          יאההויהה

לִיַחֲדָא אוֹתִיּוֹת י"ה בּו"ה, בִּיחוּדָא שְׁלִים

יהו"ה

בְּשֵׁם כָּל יִשְׂרָאֵל, לְאֲקָמָא שְׁכִינְתָּא מֵעַפְרָא, הָרֵינִי לוֹמֵד בַּסֵּפֶר קַבָּלָה פְּלוֹנִי שֶׁהוּא כְּנֶגֶד תִּפְאֶרֶת דז"א בְּעוֹלָם הָאֲצִילוּת שֶׁבּוֹ שֵׁם מ"ה כָּזֶה יו"ד ה"א וָא"ו ה"א לַעֲשׂוֹת מֶרְכָּבָה. וִיהִי רָצוֹן מִלְּפָנֶיךָ ה' אֱלֹהֵינוּ וֵאלֹהֵי אֲבוֹתֵינוּ שֶׁתּוֹדַךְ רוּחֵנוּ וּנְפָשֵׁינוּ שֶׁיְּהִי רְאוּיִם לְעוֹרֵר מֵיִן תַּתָּאִין עַל יְדֵי קְרִיאַת סֵפֶר הַקַּבָּלָה הַזֹּאת. וִיהִי נֹעַם יְהוָה אֱלֹהֵינוּ עָלֵינוּ וּמַעֲשֵׂה יָדֵינוּ כּוֹנְנָה עָלֵינוּ וּמַעֲשֵׂה יָדֵינוּ כּוֹנְנֵהוּ.

בָּרוּךְ ה' לְעוֹלָם אָמֵן וְאָמֵן, נֶצַח, סֶלָה, וָעֶד.

**אח"כ** באו הטעמים התחתונים שמתחת האותיות והם בחי' אורות היוצאים דרך הפה של א"ק משם ולחוץ והנה בכאן נתחברו האורות חיבור גמור כי הרי הם יוצאים דרך צינור א' לבד. והטעם כי כל מה שהאורות מתרחקים ומתפשטין למטה כך יש יכולת להשיגם ולקבלם לכן אין חשש אם נתחברו המקיפים עם הפנימים יחד והנה כיון שכבר נתחברו האורות המקיפים ופנימים יחד לכן מכאן התחיל להתהוות בחי' כלים אלא שהם זכים בתכלית הזכות כמ"ש לפיכך עדיין לא נתגלה כאן רק בחי' כלי א' לבד אבל האורות הם נחלקים לי' ואלו האורות נקראו עקודים. ופי' הענין כי הנה כתיב וארא בחלום והנה העתודים העולים על הצאן עקודים נקודים וברודים וגם כתיב כי ראיתי את כל אשר לבן עושה לך ובפ' זה רמוז כל בחי' אלו שאנו מדברים בכאן כי לבן הוא סוד לובן העליון אשר הוא קודם כל האצילות הזה והוא( היה) העושה כל אלו הבחי' שהם עקודים נקודים ברודים לצורך האצילות שיאציל אחריהם אשר הוא נקרא בשם יעקב והתחיל בעקודים כי הם האור היוצאים מפה דא"ק אשר בהם התחיל גילוי הויות הכלים להיות י' אורות פנימים ומקיפים מקושרים ומחוברים יחד בתוך כלי א' אשר לסבה זו נקרא עקודים מלשון ויעקד את יצחק ר"ל ויקשור וכמ"ש בע"ה אבל האורות עליונים של אזנים וחוטם לא נתבארו בפ' כיון שעדיין לא נתגלו בהם הויות הכלי ואח"כ נבאר בע"ה נקודים וברודים. והנה בהתחברות האורות פנימים עם האורות מקיפים מחוברים תוך הפה לכן בצאתם יחד חוץ לפה לפה קשורים יחד הם מכים זה בזה ומבטשים זה בזה ומהכאת שלהם אתיילד הויות בחי' כלים לכן נקרא המקום הזה פה כי פה גימ' ס"ג וכ"ב אתוון. והנה בחי' אותיות הם הכלים כנודע לכן נרמז בפה שם ס"ג ועוד כ"ב אותיות לרמוז על מ"ש שנתחדש במקום הזה ענין גילוי הויות הכלים שנתגלה בכאן ע"י הכ"ב אותיות.

**והנה** מן הפה הזה יצאו י"ס פנימים וי' מקיפים ונמשכין מנגד הפנים עד נגד הטבור של זה הא"ק וזה עיקר האור אבל ג"כ מאיר דרך צדדים לכל סביבות זה האדם ע"ד הנ"ל באורות אזן חוטם. והנה באזן וחוטם לא היה רק ב' אור של בחי' פנימי ומקיף אבל כאן בפה נכפלו הבחינת והיו ב' שהן ד' כי הנה הם היו בחי' אורות וכלים והאורות נכפלו לב' בסוד פנימי ומקיף והכלים ג"כ פנימי וחיצון ואלו ד' בחי' הם בחי' גילוי אותם ד' אלפין הנ"ל שהיו בחוטם כי האור עבר ונמשך דרך פנימיות האדם הזה ויצא דרך הפה. והנה הב' אלפי"ן שציורם יו"י הם אור פנים ואור מקיף והב' אלפי"ן שציורם יו"ד הם ב' בחי' הכלי פנימי וחיצוניות ואלו הד' בחי' הם עצמן בחי' ב' אזנים וב' נקבי החוטם שנתגלו כאן בפה כי מן אזן ימין נמשך האור ויוצא דרך הפה בסוד או"מ ומן החוטם ימין נמשך ויצא דרך הפה או"פ )וב' אלפים שציורם יו"ד הם בחי' הכלי פנימי וחיצון( ומנקב חוטם שמאל נמשך ונעשה פנימיות הכלי ומן אור אזן שמאל נמשך ונעשה חיצוניות הכלי ואלו הד' בחי' נכנסו בפה כי הנה בפה יש בחי' הבל ובחי' דבור והנה ההבל הוא בחי' אור והדבור הוא בחי' הכלי. והנה יש הבל ודבור העליון בלחי העליון סוד גיכ"ק שהוא בחכמה והבל ודבור תחתון בלחי תחתון סוד אחה"ע שהוא בבינה ונמצא כי הבל עליון הוא או"מ והתחתון הוא פנימי ודבור עליון כלי חיצון )ר"ל פנימיות הכלי

וחיצוניות הכלי() ודבור תחתון כלי פנימי והאורות שהם ההבלים הם בימין הפה והדברים שהם הכלים הם בשמאל הפה.

[דכ"ד ע"ד 47]

## הַשַּׁעַר הַשִּׁשִּׁי

## שַׁעַר הָעֲקוּדִים וְיִתְחַלֵּק לְזֹז' פְּרָקִים

# פֶּרֶק א' מ"ת[16]

דרוש זה מקורו מספר אוצרות חיים וצריך לכתוב מ"ת בראש הדרוש.

דרוש זה הוא המשך לפרק ב' דשער תנת"א[17]. ב' פרקים ראשונים דשער תנת"א שבעץ חיים הם מהמספר הקדוש אוצרות חיים, וכאן הוא משך ספר אוצרות חיים. צריך לדעת כי ספר אוצרות חיים הוא על סדר השתלשלות מהא"ס עד סוף המדרגות, בלי הסתעפות כמו ספר עץ חיים. בספר עץ חיים הדרושים הם בלי רצף אחיד, והרב ז"ל קופץ מנושא לנושא. כאן הוא המשך הדרושים של אורות אח"פ, כאשר בשער תנת"א הרב ז"ל ביאר את אורות האוזן שהם ס"ג דע"ב דס"ג, ואורות החוטם שהם מ"ה דע"ב דס"ג, כאן הרב ז"ל מבאר את אורות הפה שהם ב"ן דע"ב דס"ג[18]. עוד צריך לדעת כי בכל דרושי עולם העקודים ודרושי מטי ולא מטי, המלכות דעולם העקודים היא **עטרת היסוד** דעקודים. עוד[19] **צריך לדעת** כי כל עולם העקודים הוא רק בחינת **כלי אחד, כלי הכתר**, שבוא מתלבשים עשרה אורות, ואפילו שהרב ז"ל מבאר שיש עשר כלים בעקודים, הכוונה שהיא עשר הפרטים של הכתר דעקודים, **וזכור זה ואל תשכח**.

**אחר כך**[20] ר"ל אחרי שיצאו אורות האוזן דא"ק הנקראים טעמים עליונים, והם ס"ג דע"ב דס"ג, הנמשכים עד שיבולת הזקן דא"ק. ואורות החוטם דא"ק הנקראים טעמים אמצעיים, והם מ"ה דע"ב דס"ג, הנמשכים עד החזה דא"ק,

---

<sup>16</sup>
**הגהות וביאורים )יח(** – דע דפרק זה שייך אחר פרק א' ופרק ב' דשער תנת"א, ועליו קא מסדר, וכן הוא בשער הקדמות.
<sup>17</sup>

**בית לחם יהודה ש"ו פ"א** – פרק זה הוא מחובר אחרי פרק ב' דשער תנת"א, כי כולם הם מ"ת, וכן מסודר באוצרות חיים.
<sup>18</sup>

**תרשים א – א.**
<sup>19</sup>

**ע"ח ש"ז פ"א מ"ק ד"ל ע"א** – הנה קודם מציאות העקודים לא היה האור העליון יכול להתלבש בשום כלי, כי לא היה יכולת בכלים לסובלו, ושם היה האור בלתי מתלבש בכלי. עד שהגיע התפשטות האור הגדול ההוא אל בחינת העקודים. **ושם נעשה מציאות כלי אחד אל האור הגדול ההוא**, ואז התחיל האצילות להיות בו איזה מציאות הגבלת האור, מה שלא היה יכול להיות הדבר עד עתה. אמנם תחלה היה האור כולו של החלקים המגיעים לאצילות כולם, נעלמים תוך כלי אחד לבד, **ואותו הכלי היה בו בחינת כלי של כתר העליון**. אחר כך נתפשט האור יותר למטה מבחינה הנזכרת לכל, הנקרא עקודים, ואז נעשית עשר כלים, **אך כולם עדיין בסוד בחינת כלים דכתר.**
<sup>20</sup>

הרב ז"ל ביאר כי יש ג' בחינות של טעמים ונקודות, יש שהם מעל האותיות, ויש שהם באמצע האותיות, ויש שהם מתחת לאותיות. עוד ביאר הרב ז"ל בשער תנת"א פ"א ופ"ב את יציאת אורות האזן והחוטם דא"ק. אחרי שיצאו אורות האזן דא"ק שהם ס"ג דע"ב דס"ג, ואורות החוטם שהם מ"ה דע"ב דס"ג, הרב ז"ל מבאר בפרק זה את יצאת אורות הפה שהם ב"ן דע"ב דס"ג. ופרק זה הוא המשך לפרק ב' דשער תנת"א.

**ע"ח ש"ה פ"א מ"ת ד"כ ע"ג** – והנה מבחינת האזנים ולמטה נתחיל לבאר בקיצור נמרץ, דע כי מהאזנים ולמטה מתחיל שם ס"ג שבו, וכבר נתבאר כי גם הוא כלול מטנת"א, **ונודע כי לעולם הטעמים והנקודות**

**בָּאוּ הַטְעָמִים הַתַּחְתּוֹנִים**[21] דא"ק, והם ב"ן דע"ב דס"ג, הנמשכים עד הטיבור דא"ק[22], והם הטעמים **שֶׁמִּתְחַזַּת הָאוֹתִיּוֹת, וְהֵם בִּבְחִינַת אוֹרוֹת הַיּוֹצְאִים דֶּרֶךְ הַפֶּה שֶׁל א"ק, מִשָּׁם וּלְמַטָּן** וְנִקְרָאִים עוֹלָם הָעֲקוּדִים.

**וְהִנֵּה בְּכָאן** בפה דא"ק **נִתְחַבְּרוּ הָאוֹרוֹת** שהם אור מקיף ואור פנימי **זִיבּוּר**[23] **גָּמוּר** לאפוקי מאורות האזן והחוטם אשר המקיף והפנימי שלהם לא התחברו, מפני שיצאו כל אחד ברחוק מקום, **כִּי הֲרֵי הֵם**

---

**נֶחֱלָקִים לְג' חֲלָקִים, כִּי יֵשׁ בְּחִינַת טְעָמִים וּנְקוּדוֹת לְמַעְלָה עַל גַּבֵּי הָאוֹתִיּוֹת, וְכֵן יֵשׁ לְמַטָּה מִן הָאוֹתִיּוֹת, וְכֵן יֵשׁ בָּאֶמְצָעִית הָאוֹת.** והנה אור פנימי שבזה הא"ק יצא לחוץ דרך הנקבים הנ"ל, והנה ההבל היוצא מן הראש יוצאים דרך נקבי שערות, וכבר אמרנו לעיל שאין אנו רשאין לדבר ולהתעסק בו, ולכן נתחיל לדבר מן הבל היוצא מבחינת האזנים ולמטה, )ההבל היוצא מהם( שהוא בחינת ס"ג. ונאמר **כִּי הִנֵּה דֶּרֶךְ נִקְבֵי אָזְנַיִם שֶׁבּוֹ יוֹצֵא אוֹר מִפְּנִימִיּוֹת הָא"ק הַזֶּה**, ופשוט הוא שבצאתו לחוץ מתעבה קצת, נמצא כי אור שנשאר בפנימיות א"ק גדול מזה האור היוצא לחוץ ממנו, אבל ודאי שזה האור היוצא הוא יותר גדול מבחינת כלים והגוף של א"ק הזה, וזה פשוט. והנה כאשר יצא האור דרך נקבי האזנים ימנית ושמאלית, נתפשטו האורות האלו מבחוץ ממקום האזנים עד מקום שבולת הזקן, ונמשך בהתפשטותו מנגד התפשטות שער הזקן הצומח בלחיים בצדדי הפנים, וכנגדו **נִתְפַּשֵּׁט וְנִמְשָׁךְ אוֹר הַזֶּה עַד שֶׁמַּגִּיעַ לְמַטָּה בְּשִׁבּוֹלֶת הַזָּקָן**, ושם מתחברים האורות היוצאים מב' נקבי האזנים, אמנם לא נתחברו בחבור גמור, אבל נשאר ביניהם חלל מעט. **עָ"ח שַׁ"ה פ"ב דכ"א מ"ת דכ"א ע"ד** – אחר כך בא הטעמים האמצעיים, והם **בְּחִינַת אוֹר הַיּוֹצֵא מֵחוֹטָם דא"ק**, וחוטם גימטריא ס"ג, גם מכאן נמשך ויוצא אור דרך ב' נקבי החוטם ימין ושמאל, ימין מקיף, ושמאל פנימי, על דרך הנזכר באזן. ונמשכו ביושר עד החזה של זה הא"ק, וזהו עיקר האור. אמנם הארתו גם כן הוא מתפשט אל צד האחור ומסבב בכל סביבות א"ק, והנה כאן נתקרבו האורות אלו הפנימים במקיפים שלהם יותר מאורות האזנים, כי נקבי החוטם סמוכים הם, אבל עם כל זה נחלקו לב' )נ"א נחלקים הם(, **וְאֵין מִתְחַבְּרִים בְּיַחַד.**
21

**אִיפֹה שְׁלֵימָה ד"ב ע"א )א(** – אחר כך בא הטעמים התחתונים וכו'. עיין ש"ש אות א', שהקשה מיחוד י"ז יחוד היודי"ן והוי"ן, שהטעמים שם הם בחוורתי ולא בדיקנא וכו', ולא ידענא מאי קשיא ליה, שהרי לעיל בפרק א' משער תנת"א מבואר שכל בחינה מטנת"א יש בה תנת"א, וטעמים דע"ב בקרקפתא, וטעמים דס"ג באח"ף, וגם טעמים דמ"ה וב"ן הם בטבור דא"ק. וגם שם ביחוד היודי"ן והוי"ן ממשיך מטעמים דע"ב שהם החוורתי לנימין ודיקנא, ואין הכי נמי שבפרטות כל אחד יש בו תנת"א. באופן לא יכולתי להלום דברי קודשו.
22

**תרשים א – ב.**
23

בחינת החיבור הנקרא בפרק זה הכאה או בטישה, היא בחינת זיווג, והוא כדי לעשות כלים. באורות האזן והחוטם לא היה חיבור ממש, אבל בעומק הענין היה חיבור בסוד הארה, ומחיבור זה יצאו שורשי כלים, ולא כלים ממש. ובחינת זה יצאו ל' כלים, שהם שורשי כלים לאורות אח"פ.

**עָ"ח שַׁ"ד פ"א די"ז ע"ד** – דרוש שכתבתי מעניין שרשי אצילות של עצמות וכלים שנתהוו מאח"פ ועינים, בסוד ראיה, שמיעה, ריחא, דיבור. זה מצאתי להרב גדליה הלוי. כאשר האורות נתפשטו מאוזן וחוטם עד נגד הפה ששם התחברות כל ההבלים, ואז במקום שמתחברים יש לכולם בחינת נפש, לפי שאין הבל האזן יכול להתחבר להבל פה, אלא בריחוק מקום, וכן הבל החוטם, אלא שאין צריך ריחוק מקום כל כך כמו הבל האזן כדי להתחבר להבל הפה. ועל ידי הסתכלות העינים ובהכאה שהכה בהבל הזה **נַעֲשֶׂה הַכֵּלִים**, ובהסתכלות זה יש פנימי וחיצון, כי יש בכל איברים פנימיות וחיצוניות, ונעשה כללות כליהם. ולפי שאין בראית עינים הבל היוצא אלא הסתכלות לבד, אינו נעשה אלא הכלים, והסתכלות ההוא גדול מכל הג' הבלים הנ"ל, כי הראייה היא **י'**, שמיעה **ה'**, ריחא **ו'**, דיבור **ה'**, הרי ד' אותיות הוי"ה, שהם חב"ד ]נ"א נרנ"ח[. הראייה היא חיה, **י'** של השם הנקרא חכמה, כי חכמה מאירה מאירה עליונה דרך עינים, אלא שאין היה הבל יוצא ממש דרך

ר"ל אורות הפה **יוצאים דרך צינור אזור אחד לבד** שהוא הפה, לכן מוכרח שאור מקיף ואור פנימי יהיו

מחוברים, וחיבור זה גורם ליצירת כלי.

אור מקיף ואור פנימי דאזן לא התחברו בשבולת הזקן דא"ק, מפני שחיבורם היה עושה כלי שהתחתונים על ידי ביטוש אור המקיף באור הפנימי, ולא היו יכולים התחתונים לקבלו ולהשיגו[24], והיו מתבטלים. וכך הוא גם באור פנימי ואור מקיף דחוטם, אורות אלו מגיעים עד החזה דא"ק, וגם הם לא מתחברים, כי אין ביכולת התחתונים לקבלם ולהשיגם[25]. לעומת זאת אורות הפה, שהם אור קטן בערך אור האזן ואור החוטם, היה יכולת לתחתונים לקבלם ולהשיגם, **וזה**

**הטעם** שאורות הפה, אור מקיף ואור פנימי יצאו מחוברים **כי כל מה שהאורות מתרזקים**

משרשם, שהוא פנימיות א"ק **ומתפשטין למטה** הם הולכים ומתמעטים באיכותם וזכותם, **וכך יש**

**יכולת** ואפשרות לתחתונים **להשיגם ולקבלם, לכן אין זשש"ש אם נתחברו** [דכ"ד ע"ג

---

העינים לא היה אפשר למטה לקבלה. לכן לא נמשך ממנו אלא הסתכלות לבד, **והיה בו כח לעשות כלים** לג' בחינות אלו. **עשר** דנשמה בהבל אזן. **עשר** דרוח בהבל חוטם. **עשר** דנפש בהבל הפה. וזה סוד מרחוק הוי"ה נראה לי, ומשאר הבלים אם היה יוצא מהם הסתכלות לבד דרך מסך כמו העינים, לא היה כח בהם לעשות כלים. וכל זה הוא דין בין בבחינת התפשטות ההבל, בין בהסתכלות הראות, וראיה זו גימטריא גבור"ה, ודבו"ר גימטריא רי"ו עם ד' אותיות, **והסתכלות זה בא ומכה במקום שמתחברים ג' הבלים ביחד**, שהוא בחינת נפש, וזהו ויירא אלהי"ם את האו"ר, כי האו"ר הוא בחינת הבל אזן וחוטם, שהוא בחינת נשמה ורוח, את הוא בחינת הפה, שהוא נפש. ואז כשראה את הנפש, אז ויבדל אלהי"ם, שהוא **עשיית שרשי הכלים.**

**ע"ח ש"יד פ"ג די"ח ע"ד** – הנה אחר שדברנו בפרק העבר איך נאצל מציאות נר"ן מאח"פ, הנה **עתה נבאר מציאות הכלים שלהם שהם בבחינת גוף** אליהם. אמנם כבר בארנו כי מבחינת הראיה עצמה נעשה נשמה לנשמה, אך אין הראייה סוד הבל הנמשך למטה כמו אח"פ. והטעם כי נר"ן שהם אורות אח"פ הם מתפשטים למטה, אבל הנשמה לנשמה שהוא הסתכלות העין אינה מתפשטת, רק נשארת במקומה בסוד אור מקיף כנ"ל, ואין בה זולתי הסתכלות דק מאד, והוא סוד הראייה והסתכלות, אכן אינו דומה כמו הבל אח"פ אשר עצמותו נמשך למטה. לכן מסוד ראייה זו נעשה **ל' כלים** שהוא הגוף, י' כלים להבל האזן, הנקרא נשמה. וי' כלים להבל החוטם, הנקרא רוח. וי' כלים להבל הפה, הנקרא נפש.

24

**ע"ח ש"ה פ"א מ"ת ד"כ ע"ב** – והנה עדיין באלו האורות **לא נתגלה בהם בחינת כלי** כלל וכלל. גם דע כי עשר ספירות אלו יצאו מקושרים בתכלית התקשרות, ולא ניכר מהן רק שכולן בחינת ה' אחת, כי אות ה' כשתחבר עם אזן גימטריא ס"ג, ומציאת ה' זו היא בחינת העשר ספירות שנכללין בה, ושרשם המה ה' פרצופים א"א, או"א, זו"ן, ועדיין לא ניכר בהם בחינת עשר, רק היותם בחינת ה' פרצופים האלו לבד, ואפילו אלו ה' לא היו ניכרות ונפרדות זו מזו, אלא כולם היו קשורים באות שהיא ה', כי צורת ה' זו היא צורת ד"ו, גימטריא עשר, להורות על היותם י' ספירות כלולים בה' הנ"ל, ועדיין כולם נקרא אות ה' לבד, ואלו העשר ספירות באו מרוחקים אור פנימי מן אור מקיף שלו הרחק גדול, והטעם לפי שאם היו קרובים יותר לא היו יכולים לקבל האור כלל, **ולהיות כי בא אור פנימי ואור מקיף מרוחק זה מזה, לכן לא היה בהם מציאת כלי כלל**, כמו שכתוב למטה בבחינת הפה.

25

**ע"ח ש"ה פ"ב מ"ת דכ"א ע"ד** – אחר כך באו הטעמים האמצעיים, והם **בחינת אור היוצא מחוטם דא"ק**, וחוטם גימטריא ס"ג, גם מכאן נמשך ויוצא אור דרך ב' נקבי החוטם ימין ושמאל, ימין מקיף, ושמאל פנימי, על דרך הנזכר באזן. ונמשכו ביושר עד החזה של זה הא"ק, וזהו עיקר האור. אמנם הארתו גם כן הוא מתפשט אל צד האחור ומסבב בכל סביבות א"ק, והנה כאן נתקרבו האורות אלו הפנימים במקיפים שלהם יותר מאורות האזנים, כי נקבי החוטם סמוכים הם, אבל עם כל זה נחלקו לב' )נ"א נחלקים הם(, **ואין מתחברים ביחד.**

48] האורות **הַמַּקִּיפִים** עִם האורות **הַפְּנִימִים** בפה דא"ק, ויצאו בְּיֹזֶר מהפה, והתפשטו עד הטבור דא"ק.

הרב ז"ל מבאר כי מחיבור, שהוא בחינת זיווג אור מקיף עם אור פנימי נעשה ומתהווה בחינת כלים, באורות האוזן והחוטם לא היה ממש חיבור בין האורות המקיפים לאורות הפנימים שלהם, לכן אין כלים לאורות האזן והחוטם, לעומת זה באורות הפה התחברו האורות, ונתהווה כלי. **וְהִנֵּה כיון שֶׁכְּבָר נִתְחַבְּרוּ** בפה **הָאוֹרוֹת הַמַּקִּיפִים** והאורות **הַפְּנִימִים יָזֹר** ויצאו מן הפה דא"ק, נתהווה כלי[26], ואפילו שלא מזכירים בחינת כלים בא"ק, עם כל זה יש כלים בערך האור המתלבש בהם, אבל בערך העולמות שלמטה מא"ק הם אורות זכים בתכלית הזיכוך[27], **לָכֵן מִכָּאן** ר"ל מהאורות שיצאו מפה דא"ק **הִתְחִיל לְהִתְהַוּוֹת בְּחִינַת כֵּלִים, אֶלָּא** שֶׁכֵּלִים אלו **הֵם בְּתַכְלִית הַזֹּכוּת** בערך הכלים דעולם האצילות, עם כל זאת הם כלים בערך האור שבתוכם, מפני שהכלי הוא בחינת דין המצמצם את האור ומגביל אותו, והאור במתלבש בכלי הוא בחינת החסד והמשפיע **כְּמוֹ שֶׁנִּתְבָּאֵר, לְפִיכָךְ עֲדַיִין לֹא נִתְגַּלָּה כָּאן רַק בְּחִינַת[29] כֵּלִי אָזֹר לְבַד[30], אֲבָל הָאוֹרוֹת** שבתוך הכלי **הֵם נֶחֱלָקִים לְעֶשֶׂר** אורות, שהם עשר הנהגות, אשר כל אחת שונה מחברתה, **וְאֵלּוּ הָאוֹרוֹת** שבתוך הכלי הנזכר **נִקְרָאוּ עֲקוּדִים** כלומר עשר האורות קשורים ועקודים בכלי אחד[31], לכן ההנהגה היא מאוד כללית. **וּפֵירוּשׁ הָעִנְיָן**[32] בעומק הוא **כִּי[33] הִנֵּה**

---

26

**תרשים א – ג.**

27

**ע"ח ש"ד פ"ג די"ז ע"ב** - וכבר ידעת בר"מ פרשת בא דמ"ב, כי העשר ספירות דאצילות נקרא מאנין, ר"ל אברי הגוף, כי הגוף שהם הכלים שם נגלו באצילות, ולא יותר למעלה כנודע. וכבר ידעת כי הנרנח"י אינם מתלבשים בגוף זולת על ידי גוף אמצעית מלבוש זך לכל אחד מהם. והכל נקרא עצמות, כי כן א"ק שהוא בחינת כל העצמות, **יֵשׁ לוֹ גּוּף זָךְ, שֶׁבּוֹ מִתְלַבֵּשׁ עַצְמוּתוֹ**, כדי להתלבש אחר כך בגוף האמיתי שהוא אצילות. **לָכֵן אֲפִילוּ הַכֵּלִים דא"ק נִקְרָא עַצְמוּת.**

28

**בית לחם יהודה ש"ו פ"א** - לכן מכאן התחיל להתהוות בחינת כלים. ומה שכתב בפרק א' ובפרק ג' דאח"ף שיש כלים גם לבחינת האזן והחוטם יעו"ש, הוא לסברת רבינו גדליה הלוי ז"ל.

29

**הגהות וביאורים )א(** – סוד כלי לעולם הוא רק בסוד מעלה ומטה וד' רוחות בכל בחינה שיהיה, וכן כל גימטריא ס', והרמז כי אות **כ'** הם ב' זרועות, ול' הם נצח והוד המאירים בנוקבא, **ויו"ד** היא יסוד. רמ"ז כתב יד.

30

**איפה שלימה ד"ב ע"א )ב(** – רק בחינת כלי אחד וכו'. עיין בספר שמן ששון אות ב', מה שהקשה מפרק ג' דשער אח"ף להכא. ולא ידענא מאי קא קשייא ליה, אחר שכתב השמ"ש שם משם מהרח"ו ז"ל, שדרוש זה הוא מזולתו יע"ש.

31

הרב ז"ל מבאר סוגיה זאת באריכות בשער מטי ולא מטי, ומבאר כי הכלי עוקד וקושר בתוכו את העשר אורות. וקושיה גדולה על הרב כרם שלמה שמפרש שהכלים והאורות ביחד נקראים עקודים. הרמח"ל ממשיל את הכלי הזה לכלי עם שנתות.

**תרשים א – ד.**

**ע"ח ש"ז פ"א דל"א ע"ד** - וגם בארנו שזה התפשטות והסתלקות הב' נקרא מטי ולא מטי, ולכן נקרא הכלי ההוא עקודים, **לְפִי שֶׁהוּא כְּלִי אֶחָד, וְהוּא מְקַשֵּׁר וְעוֹקֵד עֶשֶׂר אוֹרוֹת בְּתוֹכוּ**. ובזה גם כן נתבאר איך הכלי

נרמזים בחינות האורות שיצאו מא"ק ולחוץ בתורה, והם עולמות העקודים, נקודים, וברודים. ובחינת האורות היוצאים מאזן וחוטם דא"ק לא נרמזו בתורה, מפני שאין להם כלים ממש, אלא שורשי כלים, לכן **כתיב** בתורה[34] **וארא**

---

נקרא כלי אחד לבדו, והאורות נקרא עשר, לפי שכשנסתלק האור )יש סילוק אחד לעשות הכלי כנ"ל (כנ"ל הסתלקות ההוא נעשה כלים כנ"ל( ואז נסתלק האור בבת אחת(, ולכן הכל נקרא כלי אחד לבד ולא עשר כלים. מה שאין כן באורות שבתוכם, שכאשר יחזרו להתפשט התפשטות האמיתי, שהוא התפשטות הב' אינו מתפשט בפעם אחת בתוך הכלי כמו שנסתלק, אלא נכנס ויוצא עשר יציאות, ועשר הכנסות, נכנס ויוצא עשר פעמים, אחד בכתר, ואחד בחכמה, וכן בכולם. **ולסיבה זו נקרא עשר אורות, אבל הכלי בבת אחת נעשה** על ידי הסתלקות הראשונה, שנסתלק בפעם אחת. ולכן יקרא כלי אחד.

**כרם שלמה ש"ו פ"א אות ה'** – ואלו האורות נקראים עקודים. פירוש אלו האורות היוצאים מן הפה של א"ק שהם בחינת הטעמים התחתונים שתחת האותיות, בכללותם נקראים עולם העקודים. פירוש **הכלים והאורות שלהם, ואור מקיף שלהם, כולם יחד נקראים העקודים.** אבל אינו חוזר על מה שכתב לעיל מניה, אבל האורות נחלקים לעשר, ופירשנו אותה שהם האורות שבתוך הכלים הם נחלקים לעשר, ועל אלו האורות מלבד הכלים חוזר ואומר ולאלו האורות נקראו עקודים, אינו כן, כי כתב לקמן בסמוך כי האורות והכלים האלו כולם נקראו עקודים, וז"ל – להיות עשרה אורות מקיף פנימים מקושרים ומחוברים יחד, בתוך כלי אחד, אשר מסיבה זו נקרא עקודים, מלשון ויעקד את יצחק, ר"ל ויקשור, נמצא שאינם דוקא האורות שהם מלבד הכלים נקראים עקודים, אלא אדרבה לסיבת התחברותם האורות בכלי אחד. נמצא מה שכתב כאן ואלו האורות נקראו עקודים חוזר על ריש פרקין שאמר והם בחינת אורות היוצאים דרך הפה של א"ק, וכו'. )עיין שער ההקדמות(.

**האילן הקדוש לרמח"ל, פ"א ד'** – יצאו ראשונה, מלכות בתחילה, וז"א אחריה, וכן כולם וכח הכלי בלוע בהם. הדק שבהם חזר ונכנס, כתר בתחילה וכולם אחריו. נתעבה הנשאר, ונעשה כלי מניצוצות שנפלו בו מהכאת אור חזרתו של עליון ורשימו של תחתון. בראשונה היו כולם נפשות. הרווחיהו זה מזה ביציאתם וכן בחזרתם, כל אחד כראוי לו, עד מקיף שני. נשאר הכתר בפה דא"ק, ושאר התשעה יצאו, עד שנמצאת מלכות כלי בלי אור. **כל הכלים כלי אחד, אלא שעשר שנתות יש לו, זה עקודים.**

**אור עינים ח"ב דקל"ד ע"ג** – עקודים, הכלי שמקבל האורות נקרא עקודים, ר"ל לפי שהוא כלי אחד, והוא מקשר ועוקד עשר אורות בתוכו, וזהו שהכלי הוא רק כלי אחת, והאורות בתוכה הם עשר.

**גמרה שבת ד"פ ע"ב** – אלא אמר רב כהנא שנתות, כדתנן שנתות היו בהין, עד כאן לפר, עד כאן לאיל, עד כאן לכבש. **ומפרש רש"י** שנתות - סימנים כלי חרס גדול, ויש בו בליטות כמין אגוזים קטנים, עד כאן לסאה, עד כאן לסאתים, וסדין אותו בסיד כדי שיהיו לבנות ונכרות.

32

לבחינת העתודים אין רמז בדברי הרב ז"ל, הבל"י מפרש על האורות הפנימים דא"ק. ואפשר שהכוונה לאורות שעתידים להתגלות אחרי האלף השישי. לבחינת אורות האזן והחוטם אין רמז בתורה, כי אין להם כלים. בחינת העקודים הם האורות היוצאים מהפה. בחינת הנקודים הם עולם האצילות שלפני השבירה. ובחינת הברודים הם עולם האצילות בזמן התיקון.
**תרשים א – ה.**
33

**בית לחם יהודה ש"ו פ"א** – כי הנה כתיב וארא בחלום וכו'. **גם אני הכותב ראיתי** בליל שבת י"ג כסליו תרע"ט בחלום, שאומרים לי כי א"ק נקרא בשם ציון, ואורות היוצאים מאח"ף, ומהעינים, והמצח כולם נקראים בשם שארית, יען כי הם שארית אור הפנימי היוצא לחוץ. אלא שיש בהם חילוק, כי אורות האזן נקראים שארית ישראל. ואורות החוטם נקראים שארית יעקב. ואורות הפה נקראים שארית יוסף, כמו שכתוב אולי יחנן הוי"ה הוי"ה צבאו"ת שארית יוסף )עמוס ה'(. ואורות הנקודים נקראים שארית יהודה )כנזכר בירמיה מ"ב(. ואורות המצח גם הם נקראים שארית יוסף, כי הם בחינת היסוד הנקרא הדר. עד כן ראיתי.
34

**בראשית ל"א י'** – ויהי בעת יחם הצאן ואשא עיני וארא בחלום והנה **העתודים** העלים על הצאן **עקודים נקודים וברדים.**

**בְּזֹהַר וְהִנֵּה**[35] הָעֲתֻדִים הָעֹלִים עַל הַצֹּאן, עֲקֻדִים, נְקֻדִים, וּבְרֻדִים.

**וְגַם כָּתוּב**[36] תורה **כִּי רָאִיתִי** שהם עצמות אורות העינים דא"ק העושים כלים לאורות אח"פ[37] **אֵת כָּל אֲשֶׁר לָבָן** שהוא א"ק **עֹשֶׂה לָּךְ**[38], וּבְפֵסוּקִם זֶה רְמוּזִים צ"ל אלו **כָּל בְּזוֹינוֹת אֵלּוּ** של עולם העקודים שהם אורות הפה, והאורות שיצאו **דֶּרֶךְ הָעֵינַיִם** שהם עולם הנקודים, ועולם התיקון, הנקרא בְּרוּדִים, והוא עולם האצילות אחרי התיקון, והם האורות שיצאו דרך המצח, הנקראים מ"ה חדש, עם תשלום האורות ב"ן שיצאו דרך העינים **שֶׁאָנוּ מְדַבְּרִים בְּכָאן**, כי הבחינה הנקראת **לָבָן הוּא**[39] **סוֹד לוֹבֶן הָעֶלְיוֹן**[40] הרומז לא"ק[41], בחינת היחידה, **אֲשֶׁר הוּא** ר"ל א"ק **קֹדֶם כָּל הָאֲצִילוּת הַזֶּה** שהם עקודים,

---

**הרמב"ן מפרש** – והנה העתודים העולים על הצאן. התישים והאילים יקראו עתודים, כי כל גדול בצאן יקרא כן, אף בגדולי האנשים, כל עתודי ארץ.
35

**בית לחם יהודה ש"ו פ"א** – והנה העתודים העולים על הצאן. אפשר כי לאור הפנימי קרי להו בשם עתודים, לפי שהם מעותדים ליכנס תוך הכלים, הכלולים מעור, ובשר, וגידין, ועצמות, כמו הצאן.
36

**בראשית ל"א י"ב** – ויאמר שא נא עיניך וראה כל העתודים העולים על הצאן עקודים נקודים וברודים **כי ראיתי את כל אשר לבן עושה לך**.
37

**ע"ח ש"ד פ"א די"ח ע"א** – ועל ידי הסתכלות העינים ובהכאה שהכאה בהבל הזה, נעשה הכלים, ובהסתכלות זה יש פנימי וחיצון, כי יש בכל איברים פנימיות וחיצוניות, ונעשה כללות כליהם. **ולפי שאין בראית עינים הבל היוצא, אלא הסתכלות לבד, אינו נעשה אלא הכלים**, והסתכלות ההוא גדול מכל הג' הבלים הנ"ל, כי הראייה היא י', שמיעה ה', ריחא ו', דיבור ה', הרי ד' אותיות הוי"ה, שהם חכמה, בינה, תפארת מלכות, שהם נר"ן [נ"א נרנ"ח], הראייה היא חיה י' של השם הנקרא חכמה, כי חכמה עליונה מאירה דרך עינים, אלא שאם היה יוצא הבל ממש דרך העינים, לא היה אפשר למטה לקבלה. לכן לא נמשך ממנו אלא הסתכלות לבד, והיה בו כח לעשות **כלים לג' בחינת אלו**. אשר דנשמה בהבל אזן. אשר דרוח בהבל חוטם, אשר דנפש בהבל הפה.
38

כל בחינה ברובדים הפנימיים שהיא נעלה ונשגבת מרמזת בתורה בבחינות פחותות וחשוכה, או ברשעים, וכל זה שבחינות אלו יהיו בתכלית ההעלם. כמו לבן שהוא בחינת הלובן העליון, או מלכי אדום שבם רמוז עולם הנקודים, ועוד. בדרוש זה **תכלית הרחמים שהוא א"ק** רמוז באדם הכי שפל ומושחת, והוא לבן הארמי.
39

**בית לחם יהודה ש"ו פ"א** – הוא סוד לובן העליון. הוא א"ק.
40

**הגהות וביאורים )ב(** – הרמ"ז, זה סוד הקרקפתא דא"ק, שהוא ע"ב, וי' אותיות גימטריא לב"ן. א"מ מצאתי לדברים אלו סימן בדברי הרמ"ע מפאנו ז"ל כי אברהם הראשון שבאבות הנקרא, כן הוא א"ק האדם הגדול בענקים. וכנגד יצחק סוד עקידה שלימה, כנגד עולם העקודים, ולא לחינם הביא הרב פסוק ויעקד את יצחק. ועולם האצילות כנגד יעקב )עיין לעיל סדר אצילות למוהרח"ו פרק ב', וצ"ע( שהיה לו י"ב שבטים, י"ב פרצופים. א"מ אל התמה על זה כי כן ארז"ל בבראשית רבה הידעתם את לבן בן נחור, אם ידעתם יחידו של עולם, המלבן עוונותיהם כל ישראל, ע"ש. אם כן דברי הרב צדקו מצד הדיוק הגמור.
41

א"ק הוא סוד הלובן העליון, כמו שמפרש הבל"י. מפני א"ק הוא הבחינה הראשונה בעולמות, והוא כתר דעולמות. בחינת א"א הוא הראשון בפרצופים, והוא כתר דפרצופים. וספירת הכתר היא הראשונה בספירות.
**תרשים א – ו.**
כתר דא"א הרומז לבחינה זאת, נעשה מחסד דעתיק, והלובן העליון דקדושה משפיע בעולמות כולם. הרב ז"ל לפעמים קורא ללובן העליון חכמה אבא, והוא חכמה דא"ק, וגם שהחכמה בקו החסד הנרמז ללובן העליון. עוד

בחינת לבן רומז לחכמה ובינה בשמו, שהוא **ל"ב** נתיבות חכמה, **ו'** שערי בינה. תמיהה גדולה איך לבן הרשע שהוא ארמי אובד אבי, נרמז במדרגה גבוהה כזאת גבוהה ונעלמת. יש לתרץ שלבן הוא בחינת א"ק דעולמות הטומאה, העומד כנגד הלבנון העליון. כי זה לעומת זה עשה האלהי"ם, והוא סוד אדם בליעל שעושה רע לאדם דקדושה. בעל הלש"ם מבאר כי גם הדברים הטמאים והאסורים יש שורש למעלה למעלה, רק שירדו לבי"ע שם שורש הרע, אבל בשורשם הם בחינה קדושה. בתנ"ך בספר דניאל רמוז הלובן העליון בפרצוף עתיק.

**ע"ח שי"ג פ"א מ"ת ד"ס ע"א** – ונבאר תיקון א"א אשר נתקן אחר עתיק יומין, הנה נתבאר לעיל שנעשה מבחינת חכמה דמ"ה, שהם בחינת נקודות דמ"ה, ומן ה' אחרונות דכתר דב"ן, והוא כולל זכר ונקבה, מ"ה בימינו, וב"ן בשמאלו כנ"ל. והנה הוא מלביש לעתיק יומין באופן זה, כי הנה ג"ר דעתיך אי אפשר שיתלבשו תוך א"א, וגם אי אפשר לקבל אורם, ולכן נשארין מגולים והם עומדין לבחינת מקיף אל א"א, והז"ת דעתיק לבדם מתלבשין תוך א"א באופן זה, **כי כח"ב דא"א מלבישין לחג"ת דעתיק יומין**, וז"ת דא"א מלבישין לנה"י דעתיק.

**ע"ח שט"ז פ"ז דפ"ב ע"ד** – אמנם סדר התלבשות ז"א את נה"י דא"א כך הוא, כי חצי תפארת המקורריי נעשה גולגלת לז"א כנזכר באדרא, כי נתחברו אוירא ובוצינא ואפיקו האי גלגלתא תקיפא, כי מוחא סתימאה להיות שבו סוד הגבורה דעתיק לכן נרשם בה סוד הבוצינא דקרדינותא, ושם שרשה, כי בוצינא דקרדינותא הוא שורש לכל הדינין שבעולם, רק שׁשם הם נכפין, וממוחא סתימאה נתפשט לאמא )נ"א לאו"א( כנ"ל, כי גלגלתא ומוחא דא"א הם שורש או"א, **וחסד דעתיק הוא בגלגלתא**, והגבורה במוחא, ודוגמתן הם למטה באו"א, **חסד באבא**, וגבורה באמא.

**שער הפסוקים, פרשת ויצא** – ונלע"ד חיים, כי לכן התרפים נעשים מאדם בכור, כנגד בני בכורי ישראל. ובסוד רחל, בת בתחילה, ומולקים את ראשו, כנגד העקבים דלאה שבוקעים ראש רחל ונכנסים בה ושם נאחזים על ידי שם טומאה שנותנין במקום ההוא. ונודע, **כי לבן הוא הקליפה, שכנגד לבנון העליון חכמה אבא**, אשר לאה ורחל ב' בנותיו, וז"א בנו, ובפרט במה שאכתוב להלן כי לבן הוא בלעם, והוא כנגד משה בקדושה, שהוא יסוד דאבא שבדעת עליון דז"א כנודע.

**ע"ח שכ"ח פ"ה די"ט ע"א** – וכאשר נולד ויונק משדי אמו, אז על ידי היניקה נתגלו המוחין האלו, בסוד **ל"ב** נתיבות חכמה, וכן הבינה בסוד **ן'** שערים, וכן הדעת. ואז ניכר הכל ולכן הולד כשיונק אז יוצאין לו השיניים, שהם ל"ב נגד ל"ב נתיבות חכמה שנתגלו עתה, וזה סוד ולבן שינים מחלב, פירוש הל"ב של ולבן הוא ל"ב נתיבות, חכמה ו**ו'** הוא נ' של **ו'** שערי בינה, והוא**ו'** של ולבן הוא סוד הדעת, סוד ו'.

**גמרא יומא דט"ל ע"ב** – ארבעים שנה קודם חורבן הבית לא היה גורל עולה בימין, ולא היה לשון של זהורית מלבין, ולא היה נר מערבי דולק, והיו דלתות ההיכל נפתחות מאליהן, עד שגער בהן רבן יוחנן בן זכאי אמר לו - היכל היכל מפני מה אתה מבעית עצמך, יודע אני בך שסופך עתיד ליחרב, וכבר נתנבא עליך זכריה בן עדוא - פתח לבנון דלתיך ותאכל אש בארזיך, אמר רבי יצחק בן טבלאי למה נקרא שמו **לבנון שמלבין עונותיהן של ישראל**.

**פרדס רימונים, שער י', שער הגוונים פ"א** – וכן הלבן מורה על הרחמים והשלום, ומדרך הלבנים להיותם בעלי רחמים, כמו הזקנים ובעלי שיבה אשר אין מדרכם לצבא צבא, ולכן כאשר נרצה לייחס השלום והחסד והרחמים נייחסהו בלבנינות. ואין ספק שהדברים הלבנים הם נמשכים מכח השרש ההוא כאשר בארנו בשער הנזכר. וזהו הנרצה בגוונים אל הספירות משל אל הפעולות הנמשכות לפי טבעם ועניינם, ואין לנו מקום וגדר להמשילו ולהגדירו בענין חילוקם, אלא במשל וגדר הגוונים אשר יתחלקו ויעלו וירבו לפי תגבורת הגוונים אחד על חבירו. לכן נמשיל ענין הפעולות העליונות במשל הגוונים והכל לשכך האזן הגופני במה שיכול לשמוע, ואין ספק שיש לגוונים מבוא אל פעולות הספירות והמשכת שפעם, ולסבה זו כאשר יצטרך הממשיך להמשיך שפע רחמים מהחסד יצייר נגדו שם הספירה בגוון הענין הנצרך אליו כפי גוון המדה. אם חסד גמור ללובן גמור, ואם לא כל כך יצייר לובן כסיד ההיכל, וכיוצא בזה, כמו שנבאר בשער הכוונה. וכן כאשר ירצה לפעול פעולה ויצטרך אל המשכת הדין, אז יתלבש האדם ההוא בבגדים אדומים, ויצייר צורת ההווי"ה באודם, וכן לכל הפעולות והמשכות, וכאשר יצטרך חסד ורחמים יתעטף לבנים. ולנו בזה ראיות ברורות מהכהנים שהמשכתם מצד החסד, ובגדיהם בגדי לבן להורות על השלום.

**ע"ח ח"ב שמ"ב פ"ג ד"צ ע"ג** - ונמצא גופות דעשיה מלבישין כל הבחינות כולם, ועליהם קליפות דאצילות, ועליהן קליפין דבריאה, ועליהן קליפין דיצירה, ועליהם קליפין דעשיה, ועליהם מלבישים לבושי

והיכלות קדושה דעשיה, ועליהן לבושי והיכלי קדושה דיצירה, כו'. **עד לבושי והיכלי דא"ק**, זהו הנלע"ד עתה. ויש פירוש ב', והוא, שאין הקליפה מקיפין כל האצילות, אלא על דרך שרחל יוצאת מאחורי ז"א ונפרדת ממנו, כך הקליפה דאצילות הוא כדמיון **אדם אחד בליעל עומד אחורי אדם דקדושה דאצילות**, וכשעולה הקדושה דבריאה באצילות, אז הקדושה מלבשת לקדושה, וקליפה דבריאה מקפת לקליפה דאצילות, וכן על דרך זה כשעולין יצירה ועשיה. ונמצא כי הקליפה והקדושה מראש אצילות ועד סופו דעשיה, הם כדמות ב' אנשים, האחד קדוש ומתלבש באצילות, ואצילות בבריאה, ובריאה ביצירה, ויצירה בעשיה. והשני הוא אדם הבליעל )ואצילות שלו בבריאה שלו כו', והקליפה הוא אדם הבליעל( הכולל אבי"ע דקליפה, עומד בצדו ובאחוריו של אדם הקדוש דקדושה, הכולל אבי"ע דקדושה.

**שער מאמרי רשב"י, פרשת פקודי** – וכמו שביארנו בפסוק עת אשר שלט האדם באדם לרע לו. וגם נתבאר בריש שער סבא דמשפטים, כי סטרא אחרא **אדם בליעל שלט באדם דקדושה**, לחטוף ממנו הנשמות העשוקות, וכל זה הוא לרע לו של אדם הבליעל, כדוגמת ארון פלשתים וע"ש.

**לשם שבו ואחלמה, חלק הביאורים, שער שני, שער העקודים, פ"א אות ז'** – כי ראיתי את כל אשר לבן עושה לך, ובפסוק זה רמוז כל בחינות אלו כו'. הענין איך שמרומז בשם לבן אשר היה רשע גמור, ואם כן איך מרומז ונדרש בשמו ענין נורא גבוה ונעלה, אשר דרש בו האריז"ל. אך הענין בזה הוא כי הנה נודע **שכל המציאיות כולם הנה יש לכל אחד שורש למעלה למעלה**, אך כל הדברים האסורים והטמאים הוא מסיבת כי אחר שנשתלשלו למטה בהעולמות בי"ע אשר שם מתחיל מציאת הרע, כי מציאת הרע מתחיל מעולם הבריאה ולמטה, אלא שבבריאה הוא רובו טוב ומיעוט רע, ואינן מעורבין, וביצירה הוה הטוב והרע שקולין ומעורבין, ובעשיה הוא רובו רע ומיעוט טוב, והם מעורבין הרבה. והנה כל המציאיות כולם אשר הם קרובים בשרשם שבבי"ע להמקום אשר שם הוא תוקף הכח דהרע, הנה ישנו להרע אחיזה בהם, והם אשר אסרם התורה, ועל דרך שכתוב ויגע בכף ירכו כו', על כן לא יאכלו בני ישראל כו', כי נגע כו'. וכמו שכתוב בזוהר הקדוש פרשת ישלח ק"ע וקע"א. ולפי ערך קירוב כל אחד לתוקפו דהרע כן הוא איסורו, יש שהוא אסור באכילה לבד, ויש שאיסורו גם בהנאה, וכן יש שאיסורו הוא עד ס', ויש במאתים, ויש במשהו, וכן חלוקות רבות בענין הטומאות, והכל הוא לפי ערך קירבתו בשורשו שבבי"ע אל הכחות דתוקף הרע אשר שם. ועל דרך זה הוא בנשמת בני אדם, כי מי ששורש נשמתו אשר בהעולמות בי"ע, הוא יותר קרוב לאותן המקומות אשר שם הוא תוקף הכחות דהרע, הוא יותר עלול לחטא, והוא עומד תמיד בנסיונות, ומוכרח להתבונן תמיד על דרכיו בזהירות יתירה, ובפרט מי שמציאותו נמשך דרך הם ממש, שיש צד עבירה ביצירתן. כגון בני תשע מדות שאמרו בנדרים סוף פרק ב', ומכל שכן כבני נדה או שאר בני עבירה רח"ל, הנה פשוט הוא שהם בסכנה גדולה למאד, וכמעט שאי אפשר לו להתגבר על יצרו, ומהם הוא כל הרשעים והפושעים אשר בכל משך ימי עולם, והם כולם בסוד מה שכתוב - ראיתי דמעת העשוקים ואין להם מנחם. ועיין דברינו בזה בדע"ה חלק ב'. אמנם כל רשעתם וטומאתם נעשה בהם רק אחר שנשתלשל מציאותם דרך העולמות בי"ע וכנזכר, אבל שורשם העליון אשר למעלה למעלה הוא לעולם קודש, כי למעלה מהעולמות בי"ע הנה שם לא יגורך רע, ואין שם שום מגע זר ח"ו, והזר הקרב שם יומת, ובאשר שתורתנו הקדושה היא מיוסד על הד' חלקי פרד"ס, אשר הם היסודות של הד' עולמות אבי"ע בכלל ובפרט, הן במציאותם, והן בכל מאורעותיהם, שכולם נמצאו ונעשו משורשם אשר בהד' חלקי פרד"ס שבתורתנו הקדושה. לכן כאשר נדרש איזה ענין על דרך הסוד שהוא באצילות, אשר שם הוא הכל קודש קודשים הנה נדרש על פיהם, גם כל העניינים והשמות והמילות אשר על פי פשט הם טמא, ורע, וזר, ומר. אך כאשר שהם נדרשים על סודם שבאצילות שהוא שורש שורשם הנעלם, ומכל שכן כאשר שהם נדרשים ברזא דרזין, שהוא בשורש השרשים אשר בהעולמות שלמעלה גם מאצילות, הנה נדרש הכל בקודש פנימה, שהוא בהאורות והמציאיות שבקודש קודש הקדשים. ואם כן הרי אין סתירה מזה לזה, כי הסוד מוציא יקר מזולל על ידי שזורק את הקליפה והפסולת, ובורר את הטוב, ומעלה אותו בקודש הקדשים. וזהו גם כן ענין הד' חיות במרכבה, שהם אריה, שור, נשר, אדם, הנה הגם כי אריה ונשר הם אצלינו מהמינים הטמאים, אך כל טומאותם לא נעשה בהם אלא רק אחר שנשתלשלו למטה, ונאחז הרע בהם, ולכך נאסרו אלינו, אבל למעלה ממקום אחיזת ונגיעת הרע בהם, הם טהור וקודש. ודע עוד כי מי אשר שורש מציאותו אשר למעלה בקודש, הוא יותר נעלה וגבוה, הנה כאשר נשתלשל מציאותו דרך המקום אשר איננה טהורה כנ"ל, והוא הולך אחר יצרו, ונעשה לרשע רע, הנה מתגבר ברשעתו למאד מאד, והם כל הרשעים הגדולים כמו לבן, ועשו, ופרעה, וכיוצא. ועל דרך זה הוא במדה טובה המרובה, כי כאשר מתגבר על

נקודים וברודים, **וְהוּא (הָיָה)** הָא"ק שהוא שורש לכל העולמות, וכל העולמות הם ענפים היוצאים ממנו **עֹשֶׂה** ר"ל מוציא מן הכח אל הפועל את **כל אלו הבחינות, שֶׁהֵם** עולם הנקרא **עֲקֻדִים** והם האורות היוצאים מפה דא"ק ומתפשטים עד טיבור דא"ק, וממשכים ומתפשטים עד למטה, עד הרגלים דא"ק[42], ועולם **הַנְּקֻדִים** והם האורות שיצאו דרך העינים דא"ק, הנקראים סמ"ב דס"ג וב"ן דעסמ"ב דב"ן, והם מתפשטים מטיבור דא"ק עד קרקע האצילות ומלבישים את שליש התפארת התחתון דא"ק עם כללות הנה"י דא"ק, ובעולם זה היה מקרה המלכים ושבירת הכלים, ועולם **הַבְּרֻדִים** הם האורות היוצאים ממצח דא"ק, הנקראים מ"ה חדש, עם תשלום האורות היוצאים דרך העינים דא"ק, הנקראים עס"מ דעסמ"ב דב"ן, וחיבור האורות דמ"ה וב"ן נעשה עולם התיקון שהוא עולם הברודים, ועולמות העקודים ונקודים יצאו תחילה **לְצֹרֶך**[43] תיקון עולם **הָאֲצִילוּת** הנקרא ברודים **שֵׁיאֲצִיל אַזוֹרֵיהֶם, אֲשֶׁר** הוּא[44] ר"ל עולם האצילות ובי"ע **נִקְרָא**[45] **בְּשֵׁם יַעֲקֹב**[46] בערך

---

יצרו, ועושה רצון קונו, הנה גדלה מעלתו וקודשתו מאד מאד לאין חקר, והוא מיחידי סגולה המצויינים, וכל זה הוא פשוט ונודע למבינים, ובזה הנה מובן דברי הרב בעניינו היטב.

**שער הגלגולים, הקדמה כ"א** — וכן על דרך זה כפי גדולת הנפש של האדם, כך היא גדולת תוקף יצרו, וכמו שאמרו חז"ל כל הגדול מחבירו, יצרו גדול הימנו. והענין כך הוא במה שידעת כי גם את זה לעומת זה עשה האלהי"ם, וכמו שיש אבי"ע, ושבעה היכלות בכל עולם מהם, מבחינת הקדושה. כן ישנם בבחינת הקליפות. וזה סוד צופה רשע לצדיק, כי רוצה להדמות אל הקדושה, כקוף בפני אדם. ובזה תבין חומר חטאו של אדם הראשון שגרם קלקול ופגם בכל העולמות, עד סוף כל הדורות. והסבה היא, על מה שביארר כי כפי תוקף גדולת נשמתו, כך תוקף הפגם שפגם. וכן על דרך זה בצדיקים וחסידים גמורים, כגון רבי יוחנן בן זכאי, כי חטא קל אצלו, והוא חמור מכמה חטאות של אחרים.

**קהלת ז' י"ד** — ביום טובה היה בטוב וביום רעה ראה **גם את זה לעומת זה עשה האלהי"ם** על דברת שלא ימצא האדם אחריו מאומה.

**קהלת ח' ט'** — את כל זה ראיתי ונתון את לבי לכל מעשה אשר נעשה תחת השמש עת אשר **שלט האדם באדם לרע לו.**

**דניאל ז' ט'** — חזה הוית עד די כרסון רמיו **ועתיק יומין יתב לבושה כתלג חור ושער ראשה כעמר נקא** כרסיה שביבין די נור גלגלוהי נור דלק. **מפרש רש"י** — כתלג חיור, ללבן עונות עמו.
42

**כרם שלמה ש"ו פ"א אות ט'** — והת"ח דקדק במקם אחר, והבאנו לשנו לעיל **שבאמת הם מתפשטים עד למטה, שהוא הרגלים**, אבל הרב ז"ל מה שביאר כאן עד הטבור, דיבר על בחינת הגלוי שלהם, שמתגלים עד הטיבור, אבל מהטיבור ולמטה הואיל והם מתלבשים בתוך אורות הנקודים ואינם נגלים, לכן נקרא שמתפשטים עד הטבור דוקא.
43

**בית לחם יהודה ש"ו פ"א** — לצורך האצילות שיאציל אחריהם. וברודים דהכא אינו רומז לעולם האצילות עצמה, אלא הוא רומז למלך הדר המתקן עולם האצילות, כי הדר עם האותיות הוא בגימטריא ברוד, וזהו ברודים.
44

**בית לחם יהודה ש"ו פ"א** — אשר הוא נקרא בשם יעקב. כי המלאך היה מדבר בחלום עם יעקב, ואומר לו את כל אשר לבן עושה לך. ומה שקרוא לעולם האצילות בשם יעקב, לפי שהאצילות היא מלבשת מטבורא דא"ק ולמטה, כמו יעקב היוצא מטבורא דז"א ולמטה, כמו שכתוב בהגהות וביאורים.
45

יעקב נקרא עולם האצילות בערך א"ק הנקרא ישראל. וכמו שיעקב הוליד י"ב שבטים, כן בעולם האצילות יש י"ב פרצופין, שהם ע"י ונוקבא דע"י, א"א ונוקבא דא"א, או"א, ישסו"ת, וזו"ן.
46

25

א"ק הנקרא ז"א[47]. **וְהִתְחַזְּהַ**[48] בְּעולם הָעֲקוּדִים, כִּי הֵם הָאוֹרוֹת הַיּוֹצְאִים מִפֶּה דְּא"ק ומתפשטים עד הטיבור, **אֲשֶׁר בָּהֶם** בעולם העקודים **הִתְחַזְּהַ** גִּלּוּי הֲוָיוֹת הַכֵּלִים, לִהְיוֹת[49] עֶשֶׂר **אוֹרוֹת פְּנִימִים**, וְעֶשֶׂר אורות **מַקִּיפִים**, שֶׁהֵם **מְקֻשָּׁרִים וּמְחֻבָּרִים יַחַד בְּתוֹךְ כְּלִי אֶחָד** לכן עולם זה נקרא עקודים, כי כל הָאוֹרוֹת הַפְּנִימִים וְהַמַּקִּיפִים עֲקוּדִים וקשורים בכלי אחד, **אֲשֶׁר לְסִבָּה זוֹ נִקְרָא עֲקוּדִים, מִלְּשׁוֹן** הכתוב בתורה[50] **וַיַּעֲקֹד אֶת יִצְחָק**, ר"ל וַיְקַשֵּׁר עֲשֶׂר אוֹרוֹת בְּתוֹכוֹ, וּכְמוֹ שֶׁנְּבָאֵר בְּעֶ"ה.

בתורה הקדושה נרמז עולם העקודים, נקודים, וברודים שהוא עולם התיקון, מפני שרק מעולם העקודים ולמטה יש בחינת כלים **אֲבָל הָאוֹרוֹת עֶלְיוֹנִים שֶׁל אָזְנַיִם** שהם ס"ג דע"ב דס"ג, **וְאוֹרוֹת הַחֹטֶם** שהם מ"ה דע"ב דס"ג, **לֹא נִתְבָּאֲרוּ בַּפָּסוּק זֶה** או בשום פסוק בתנ"ך, כי אותיות התורה הם הבחינה הרמוזת

---

**הַגָהוֹת וּבִיאוּרִים )ג(** – כי האצילות הוא מנקודים שהם מן הטיבור דא"ק ולמטה, וכן הוא סוד יעקב לגבי ז"א, ולכן נקרא יעקב. וזה שאמר הכתוב - אז יבקע כשחר אורך, שקו היושר הנקרא יעקב, היה בוקע העגולים מעט מעט כשחר שעולה מעט מעט, כך יהיה אורך.

[47]

כמו שיעקב מלביש את ז"א מהטיבור למטה, באותו ערך עולם האצילות מלביש את א"ק מהטיבור ולמטה, כמו שמפרש הגוב"י. מרן הרש"ש מבאר כי כמו שבמערכת הפרצופים, שהם מערכת פרצוף הימים, ופרצוף הימים היא מערכת פרטית של ימות השנה, יעקב ורחל הקטנים מלבישים את זו"ן הגדולים, שהם ישראל ולאה הגדולה, מהטיבור ולמטה, כך במערכת העולמות, שהם מערכת פרצוף הזמנים, ופרצוף הזמנים היא מערכת כללית, שהם מועדי ישראל, ובראש השנה ויום הכיפורים א"ן נקרא זו"ן הכוללים )שהם ישראל ולאה הגדולה( בערך עולם האצילות ובי"ע הנקרא יעקב )שהם יעקב ורחל הקטנים(.
**תרשים א – ז.**
**נהר שלום דל"ח ע"ד** – ודע כי הנוקבא העולה בתפילות של יום הכיפורים קודם הז"א עד כתר דאמא, אינה הנוקבא הפרטית רחל מלך השביעי דז"א, אלא היא הנקודה החמישית דאצילות, הנקבא בכללות נוקבא דז"א, אבל היא כלולה מכל הפרצופים ומכל העולמות, והיא הנתקנת על ידי מצות שאין הזמן גרמא, והיא בת זוג דז"א, ומזדווג עמה על ידי קיום מצות עונה כנודע, וכך כתב הרב ז"ל כי עיקר התענית ביום הכיפורים הוא לנשים, כי בחינתם היא העולה. ויעקב ורחל הנכנסים בראש השנה ויום הכיפורים הם **כללות כל עולם האצילות עם כל בי"ע הנקרא יעקב, בערך כללות א"ק** כנודע.

[48]

**איפה שלימה ד"ב ע"א )ג(** – בהגהות הרמ"ז אות כ"ח הלשון מוטעה. וצ"ל כי כן הפה הוא סוד עשיה וכו'.

[49]

**בית לחם יהודה ש"ו פ"א** – להיות יו"ד אורות פנימים מקושרים ומקיפין יחד בתוך כלי אחד. מבואר מזה שגם אור המקיף הוא בתוך הכלי, כמו אור פנימי, וכמו שכתב הרב יפה שעה בסוף פרק א' דטנת"א. ואף כתב מהרש"ך )מורינו הרב שאול כהן נר"ו באיפה שלמה, יעו"ש. אבל מקיפין מחוץ לכלי דעקודים לא היה, כי אם בחינת חיה ויחידה, כמו שכתוב בפרק ב' שבסמוך.

[50]

**בראשית כ"ב ט'** – ויבאו אל המקום אשר אמר לו האלהי"ם ויבן שם אברהם את המזבח ויערך את העצים **וַיַּעֲקֹד אֶת יִצְחָק בְּנוֹ** וישם אתו על המזבח ממעל לעצים.

לכלים[51], **וכיון שׁעֲדַיִן לֹא נִתְגַּלוֹ בְּהֶם** ר"ל באורות האזנים והחוטם **הַוָיוֹת הַכְּלִי** לכן הם לא נרמזו בשום פסוק בתנ"ך[52]. **וְאַזוֹר כָּךְ נִבְאֵר בְּעֶ"ה** את עולמות הַנְּקוּדִים וְהַבְּרוּדִים.

אורות הפנימיים והמקיפין של האזן והחוטם יצאו משני נקבים נפרדים כל אחד, אור מקיף דאזן יצא מצד ימין, ואור פנימי דאזן יצא מצד שמאל. וכן האור המקיף דחוטם מנקב ימין, ואור פנימי דחוטם מנקב שמאל. ובכלל שנקבים אלו רחוקים אחד מהשני, לא היתה התקשרות בין אור פנימי ומקיף דאזן, ולא התקשרות בין אור פנימי ומקיף דחוטם. ולא היתה הכאה ובטישה בין האורות המקיפים לאורות הפנימיים, לכן לא נעשו כלים, כי הכאה ובטישה הם בחינת זיווג[53].

---

51

בסדר טנת"א בחינת האותיות הם כלים, והם זו"ן, בערך טנ"ת שהם נר"ן.
**תרשים א – ח.**
**ע"ח ש"ח פ"ו מ"ת דל"ט ע"ג** – והנה בענין העקודים כבר נתבאר לעיל ענין בחינת טנת"א שבהם. ונבארם פה בבחינת הנקודים, ונאמר כי בחינת הנקודים הם האורות הראשונים שיצאו בראשונה, **והאותיות הם הכלים**, ואחר כך כשנשברו הכלים ונפרדו איש מעל פני מתו, האורות נשארו בבחינת תגין על האותיות שהם הכלים, והטעמים הוא מ"ה החדש שיצא אחר כך מאור המצח לתיקון המלכים, כמו שנבאר בע"ה. וזה טעם הספר תורה שיש לו בחינת כתיבת אותיות ותגין, וחסרים ממנו טעמים ונקודות, כי כבר ידעת כי ספר תורה הוא בחינת היסוד דאבא, וכבר נודע בזוהר בהרבה מקומות דבמחשבה איתברירו כלהו, ולכן הספר תורה נב"א ולשון ס"ת( מורה על זה הנ"ל, ועל ידי מה שהשליח ציבור קורא הפרשה בתורה בטעמים ונקודות, לתקן מה שחסר ממנו, לכן תמצא כי הטעמים יש בהם הוראה בהוצאת הבל הפה, כי יש ניגון פרטי לכל טעם בפני עצמו, בהוצאתן מהפה ולחוץ. וכן הנקודות יש להם הברת כמו **אָ אֶ אֵ אֶ אֻ אוּ.** אבל (נב"א כי( התגין אין להם שום תנועה ונדנוד בעת קריאת האותיות, והטעם כי בחינת הטעמים והנקודות הם מורים בזמן שהאורות בתוך הכלים, ולכן הם נרגשין ונדנדים בעת קריאת האותיות, יען כי על ידי הנקודות והקריאה הם מאירין בתוך כליהם שהם האותיות, אבל התגין מורים על זמן היות האורות על גבי האותיות, וחוץ להם, שאז אין לאותיות שום נדנוד ותנועה, כי רוחניותם נסתלק מתוכם )מן הכלים הנקודים(, אמנם עומדין עליהם מרחוק להאיר להם הארה מועטת, כדמיון התגין העומדים זקופים על האותיות לא בתוכן.

52

**ארבע מאות שקל כסף** – והנה פ"ה, בגימטריא ס"ג וכ"ב **אותיות התורה, שהוא כלי אומנתו של הקדוש ברוך הוא, להורות כי מכאן יצאו הכלים.** ונמשכת הארה זו מהפה עד הטיבור דאדם קדמון, ואורות אוזן וחוטם והגיעם בהגיעם לפה, מתלבשים האורות והבן זה. והנה **אין כאן רק כלי אחד, כי די בזה להיות תחלה גילוי הכלים, ובו עשרה אורות קשורים, והם עולם העקודים, לכן זה נקראו עקודים.** וכל זה היה עושה הלובן העליון לצורך יעקב, שהוא עיקר האצילות. והנה לא באו אלא בבחינת נפש, וזהו סוד נשבע הוי', בנפשו וכו', שהוא אצילות נקודים כדלקמן, בנפשו הוא עקודים, שאין בהם אלא נפש, והבן זה.

53

התחברות וזיווג האורות נקרא לפעמים בדברי הרב ז"ל הכאה ובטישה. בדרך כלל רק מעולם האצילות ולמטה הרב ז"ל משתמש במונח של זיווג, ולמעלה מהאצילות הרב ז"ל משתמש במונח של בטישה או הכאה.
**כלל** – הכאה או בטישה היא בחינת חיבור וזיווג.
**ע"ח שי"ט פ"ט מ"ת דצ"ה ע"ב, הגהת המרח"ו** – ואולי אפשר לומר כי אף על פי שזה מ"ה שהיא דינין וזו חסדים( וזה ב"ן, עם כל זה נתהפך הדבר, כי כיון שזה חכמה, אף על פי שהיא דב"ן, נעשה זכר, ובינה דמ"ה אף על פי שהיא דמ"ה, נעשית נקבה לערך חכמה דב"ן. וזהו ענין דבטש בוצינא דקרדינותא בהאי אוירא )נב"א מוחא(. והיה לו לומר להיפך, **כי בטישה זו היא זיווג והורדת הטפה כנודע.** ונראה אם כן כי שם בוצינא דקרדינותא נעשה זכר להיותו חכמה, וזה סוד אמא, כי היא עטרת בעלה. ואפשר כי על דרך זה הוא בחכמה דא"א, כי היא כלולה מחכמה דמ"ה ומכתר דב"ן, ואם כן כתר דב"ן היא בוצינא דקרדינותא, דבטש ונעשה זכר, ובטש בהאי מוחא שהוא חכמה דמ"ה גרוע ממנה, והיא נקבה כנגדה, ונמצא כי האי מוחא סתימאה דא"א אתתקן כעין דוכרא, כנזכר באדרא כנל"ח.
**רב פעלים חלק ג', סוד ישרים סימן י'** – כדין בטש האי נהירו דמחשבה דלא אתיידע, פירוש עיין בשער עתיק פרק א', ושם תראה שרדל"א היא בחינת שם ב"ן נוקבא דעתיק, **וכל בטישא נודע שהיא סוד זיווג,**

לא כן באורות הפה, אשר ממנו יוצאים האורות המקיפים והפנימיים מאותו נקב, ובהם היתה הכאה ובטישה, לכן מהם נעשה כלי, **והנה**[54] ל"ג **בהתחברות** צ"ל בהיות **האורות פנימים עם האורות מקיפים מחוברים**[55] תוך הפה, לכן בצאתם יחד זווג זווג לפה, קשורים יחד, הם מכים **זה** האור המקיף, שהוא בחינת הזכר **בזה** באור הפנימי, שהוא בחינת הנקבה, **ומבטשים** בסוד הזיווג **זה בזה**[56] האור המקיף נקרא בנקבה זכר **בערך** האור הפנימי הנקרא נקבה, **ומהכאת שלהם**[57] ר"ל של כל אחת מהספירות של האורות המקיפים והפנימיים **אתיילד**[58] נולדים **הויות בזויינת כלים, לכן נקרא הבוקום הזה פה** הרמוז בשם ס"ג, מפני שאורות אח"פ הם בחינת ע"ב דס"ג הכללי, כאשר אור האזן הוא ס"ג דע"ב דס"ג, אור החוטם הוא מ"ה דע"ב דס"ג, ואור הפה הוא ב"ן דע"ב דס"ג. לכן כל אורות אח"פ רמוזים בשם ס"ג, כאשר אור האזן רמוז בשם ס"ג, כי אזן גימטריא נ"ח, ועם אות ה' שירדה לחוטם, שהוא ז"א, בסוד מוחין, הם ס"ג[59].

---

ונעשה זווג עתיק ונוקבא, והיא העלתה מ"ן תחילה, כי זהו סוד הבטישא, דאמר בטש האי נהירו דמחשבה דלא אתיידע.
54

**בית לחם יהודה ש"ו פ"א** – והנה בהתחברות האורות וכו'. בע"ח כתב יד, ובדפוס קארעץ תיבת בהתחברות ליתא. וצ"ל **והנה בהיות** אורות הפנימים עם אורות המקיפין מחוברים יחד תוך הפה, לכן בצאתם חוץ לפה וכו'.
55

**הגהות וביאורים (ד)** – תיבת מחוברים ליתא בכתב יד.
56

**הגהות וביאורים (ה)** – בטישה הנ"ל הוא סוד זיווג, יסוד דאבא תוך יסוד דאימא, ועל ידי הכאת יסוד זה בזה יוצא ז"א, והוא כלי לאו"א, שאחר כך מתלבשים נה"י דאו"א תוך ז"א, וכמו כן הוא כאן במקום העליון וגבוה. מהרנ"ש.
57

**בית לחם יהודה ש"ו פ"א** – ומהכאה שלהם אתיליד הויות בחינת הכלים. אמנם עם כל זה לא נגמר הויית הכלים כל אחד, עד שחזרו האורות לעלות לפה דא"ק, ואז נתגלה רושם הכלים, כמבואר בפרק א' דשער ז' יעו"ש.
58

לאורות הפה שיעור קומה שלם של עשר ספירות, ר"ל עשר ספירות פנימים, ועשר ספירות מקיפים. וכל אחת מהספירות של האורות המקיפים מבטשת את הספירה המקבילה לה מהאורות הפנימים. כגון אור מקיף דספירת הכתר מבטש את אור פנימי דספירת הכתר, אור מקיף דחכמה באור פנימי דחכמה, וכו'. **תרשים א – ט.**
59

**ע"ח ש"ד פ"ג די"ט ע"ב** - והרי כי זו אות ה' זו שירדה למטה, עשתה מציאות התפשטות של ס"ג למטה כנ"ל, לכן יש בז"א דהיינו חוטם שם של מ"ה שיש בו ג' אלפי"ן, שהם ג' אהי"ה שהם גימטריא ס"ג. גם דע כי הלא ה' זו צורתה ד"ו כנודע, כי הלא תבונה זו התפשטותה בשש ספירות דז"א כנ"ל, וכנגד הד' של ה' יצאה מכח זאת התבונה לאה מאחורי ז"א, סוד ד' קשר של תפילין, וכנגד ו' ספירות של הז"א. הרי כי ה' זו עשתה סוד ו', וסוד ד' שהיא לאה, שהיא ד' אחורי ו', שהם ו' ספירות ראשונים דז"א. אמנם בסוף ו' שבתוך הד' יש פסיעה לבר, ואותו הפסיעה הוא כנגד אותו שליש של התפארת, הרי כי ו' עם הפסיעה לבר הם ס"ג, שהם ו' ספירות כחב"ד ח"ג הרי ו'. ושליש תפארת עד החזה הוא הפסיעה לבר. **הנה כשתסתיר ה' זו משם ס"ג ישאר למעלה יו"ד ה"י וא"ו ה"ה, גימטריא נ"ח, גימטריא אז"ן.**

אור החוטם רמוז בס"ג, שהוא גימטריא ס"ג[60]. גם הפה רמוז בשם ס"ג, רק כאן באורות הפה יש תוספת בחינת כלים, שהם כ"ב האותיות, מה שאין כן באורות האזן והחוטם, **כי[61] פֶה גִימַטְרִיא ס"ג וכ"ב אתוון[62].**

**וְהִנֵה בּבְחִינַת אוֹתִיוֹת הֵם הַכֵלִים[63] כַּנוֹדָע, לָכֵן[64] נִרְמָז בַּפֶה שֵם ס"ג וְעוֹד כ"ב אוֹתִיוֹת** שהם בגימטריא פ"ה, **לרמוז על[65] מה שביארנו שֶנִתְחַדֵש בַּמָקוֹם הַזֶה**

---

60

**ע"ח ש"ד פ"ד די"ט ע"ד** - גם תבין ענין שם מ"ה דאלפי"ן שהוא בחוטם דז"א, כי שם מ"ה הוא בז"א, וגם החוטם גימטריא ס"ג, נגד ה' תתאה דאתלבשת כאן, ונעשה ס"ג כנ"ל. והוא גם כן ענין גימטריא אז שהוא נ"ח, הנמשך עם ה' זו ונעשית **ס"ג כמנין חוטם.**

61

**בית לחם יהודה ש"ו פ"א** – כי פה גימטריא ס"ג וכ"ב אתוון. פירוש כי כל אורות אח"פ הם נמשכין מס"ג הפנימי דא"ק, כמבואר בפרק א' דטנת"א, ולכן בכולם נרמז שם ס"ג, כי אזן גימטריא נ"ח, ועם אות ה' שנתלבשה בחוטם גימטריא ס"ג. גם חוטם גימטריא ס"ג. ואם כן אמאי באורות הפה היה חשבונו כ"ב וס"ג, מה שלא היה באזן וחוטם, אלא שבא לרמוז על הכלים אשר הם נעשים מהכ"ב אתוון, בסוד ה' מוצאות הפה.

62

**איפה שלימה ד"ב ע"ב )ד(** – כי פה גימטריא ס"ג וכ"ב אתוון וכו'. עיין בספר שמן ששון ז"ל בפרקין אות ז', שכתב שלא ידע דשם ס"ג זה למאי רמיזא, יעוין שם בדבריו, שהביא עצות מרחוק. אבל העיקר הוא כי אורות הפה הם בחינת טעמים התחתונים דס"ג, ומשום הכי צריך לרמוז בפה בחינת ס"ג. ובפירוש כתב הרז"ל שנקרא פה לרמוז על הכ"ב אותיות שנתחדשו כאן במקום הזה וכו', מה שאין כן באור האזן והחוטם, שאינם כי אם ס"ג לבד, מפני שלא נתהוה בהם בחינת כלי. וכן מבואר בהרב חסדי דוד אות יו"ד שכתב שם וז"ל - ואורות הפה שהוא הבל הנרגש מכולם, הנקרא נפש, והוא טעמים תחתונים דס"ג, נה"י, יצאו י' ספירות אור מקיף, וי' ספירות אור פנימי מחוברים יחד, ומהכאתם זה בזה נתהוה כלי באורות הפה, ולכן פה גימטריא ס"ג וכ"ב, דכולם הם ס"ג, אלא שבכאן נתוספו הכלים וכו', יעו"ש.

63

**ע"ח ש"ה פ"ה דכ"ג ע"א** – אך הענין דע כי הטעמים הם מן הכתר, ונקודות מן החכמה, ותגין מג"ר דבינה, ואותיות מז' תחתונות שבה, וגם בזו"ן. נמצא כי אותיות אחר שהם בזו"ן, הנקרא גוף, יען שהם כללות ז' תיתונות דאצילות בכללות, **נמצא כי אותיות נקרא גופא, לעולם שהם הכלים.** והתגין הם ג"ר דאמא, והם הנפש דאותיות, וכמו שהנפש אינה נפרדת לעולם מן הגוף, כן התגין אינם נפרדין מאותיות בספר תורה לעולם, משאין כן הנקודות וטעמים שאינם בספר תורה, רק על ידי קריאת אדם בספר תורה, והבן זה. וזה שכתוב לעיל ונפשא איהי כללא דאתוון ושותפא דגופא.

**ע"ח ש"ח פ"ו מ"ת דט"ל ע"ב** – וכבר ידעת כי הטפה המצויירת הולד ומגדיל והוא הבחינה זו )נ"א זהו החו"ג( החו', ואלו הם סוד האותיות שמהם נוצר הולד, ועוד **כי האותיות תמיד לעולם הם בחינת הכלים כנודע**, ואלו נעשים כלים לאו"א בסוד האחוריים כנזכר, ואלו הם שירדו למטה עם שארית החסדים )נ"א האורות החו'(ג. היורדין לצייר הכלים של הולד, שהם ז' מלכים דבחינת זו"ן, והנה כל אלו הם בחינת כ"ב אותיות התורה, וז' מהם הם כלים לז' מלכים, וט"ו מהם כלים לאו"א, וכנ"ל. כי יותר גדולים הם או"א מכל זו"ן, וסימן לאותיות או"א הם י"ה, כי או"א הם כן גם כן סוד י"ה שבשם כנודע, ואותיות ז"א הם שעטנ"ז ג"ץ, והט"ו אותיות הנשארים הם דאו"א, ו' מהם הם אחוריים דאו"א, שהם בד"ק חי"ה, וכנזכר בתקונים ובזהר, ושאר אותיות הם אוכ"ל מספר"ת הם פנים דאו"א.

**בן איש חי, שנה שניה, הקדמה לפרשת נח** – ואתם פרו ורבו, שרצו בארץ ורבו בה )בראשית ט, ז(. נראה לי, בסייעתא דשמיא דשמיא "אתם" – אותיות "אמת", שהם רומזים לעשרים ושתיים אותיות התורה, כי א' הוא בראש, ומ' באמצע, ות' בסוף. דהיינו, אם תכניס אותיות מנצפ"ך בתוך העשרים ושתים אותיות, אז תהיה אות מ' באמצע. וידוע כי עשרים ושבע אותיות התורה הם צינורות השפע, ולכן **האותיות נקראים כלים**, וכאשר ירבו האותיות במלואם, ומילוי מלואים, ועוד כמה מילואים, אז ירבו הצינורות, וממילא ירבה השפע, בסוד מה שאמר אלישע הנביא עליו השלום - "לכי שאלי לך כלים מן החוץ מאת כל שכניך, כלים ריקים אל תמעיטי".

**עֲנִין גִּילוּי הֲוָיוֹת הַכֵּלִים** אחרי שיצאו האורות המקיפים והפנימיים מהפה דא"ק מהכח לפועל, **שֶׁנִּתְגַּלָּה בְּכָאן עַל יְדֵי הַכ"ב אוֹתִיּוֹת** התורה בפועל, שנולדו ויצאו הכלים מחוץ לפה[66].

**וְהִנֵּה** כמו שיצאו מהאזנים[67] דא"ק אורות פנימיים ומקיפים, וכן יצאו מחוטם[68] דא"ק יצאו אורות פנימיים ומקיפים, כך גם **מִן הַפֶּה הַזֶּה** של א"ק **יָצְאוּ עֶשֶׂר סְפִירוֹת פְּנִימִים, וְעֶשֶׂר** ספירות **מַקִּיפִים**[69]

---

גם עוד יש בחינה אחרת לריבוי השפע, כאשר יגדלו הצינורות בכמותם, כי ידוע שיש אותיות קטנות, ויש אותיות בינונים, ויש אותיות גדולות, וכאשר יגדלו האותיות להיות בסוד אותיות גדולות, נמצא הכלים הם גדולים, וממילא יתרבה השפע הנמשך בהם, כי אינו דומה צינור רוחב קנה לצינור רוחב חבית, וכיוון דנתרבה השפע למעלה, יהיה ריבוי טובה למטה בארץ התחתונה.
64

**שמן ששון ש"ו פ"א אות ז' די"ב ע"ב** – לכן נרמז בפה שם ס"ג ועוד כ"ב כו'. וצריך להבין דבשלמא הכ"ב ניחא. אמנם שם ס"ג למאי רמיזא היותו כאן פה, ועיין שער א'א פרק י"ב דשם נתבאר דשם ס"ג הוא פנימיות רוחא שבפה, וממנו יוצא הכ"ב אתוון על ידי זווג, יע"ש. ועיין בספר אור זרוע שכתב וז"ל - ולענינות דעתי כי הפה סוד המלכות, שעשר ספירות דבינה שבראש כנודע משער א'א, וכן יש בפה שהיא מלכות הבינה ס"ג, כי כל י' ספירות דבינה שם ס"ג, וזהו המלכות העשירית, וכ"ב אתוון היינו כ"ב אתוון שדרכם להיות במלכות, שעל שם כל נקרא אתה, שמקבל כ"ב אתוון מא' עד תי"ו, עד כאן לשונו.
65

מה שנתחדש בע"ח כתב יד. **הגהות וביאורים** )ו( –
66

**כרם שלמה ש"ו פ"א אות ז'** – וכתוב בין השיטים **כי שם בתוך הפה הם הכלים עדיין אינם נקרשים, ואינם מושגים**, והם כדמיון העובר בבטן התחתון שהוא עדיין בבחינת אור ומים, ולא נקרש ונעשה רקיע, אלא בעת צאתו מרחם ואז נקרא רקיע. והפה הוא דמיון הרחם והיסוד התחתון, כי זה ברית המעור וזה ברית התחתון, אלא שמזה יוצא דבר רוחני שהוא הדיבור והבל שאינו נתפס, וזה גשמי, פירוש שנתפס, שהיא טיפה זרעית שנעשה ממנה ולד או נשמה )עד כאן בין השיטים(.
67

**ע"ח ש"ה פ"א מ"ת ד"כ ע"ד** - כי מאזן ימין נמשכת י' ספירות מבחינת אור מקיף, ומאזן שמאל י' ספירות מבחינת אור פנימי, וב' בחינות אלו הם י' ספירות שלימות.
68

**ע"ח ש"ה פ"ב מ"ת דכ"א ע"ד** – אחר כך באו הטעמים האמצעיים, והם בחינת אור היוצא מחוטם דא"ק, וחוטם גימטריא ס"ג, גם מכאן נמשך ויוצא אור דרך ב' נקבי החוטם ימין ושמאל, ימין מקיף, ושמאל פנימי, על דרך הנזכר באזן, ונמשכו ביושר עד החזה של זה הא"ק, וזהו עיקר האור.
69

**איפה שלימה ד"ב ע"ב** – והנה מן הפה הזה יצאו עשר ספירות פנימיים, ועשר ספירות מקיפים וכו'. נ"ב **יוס"ד** )ספר יוסף דעת( מקיפים הנזכרים אינם מקיפים הכוללים כשל אזן וחוטם, שהם נרנח"י המקיפים הכוללים, אבל אלו הם מקיפים פרטיים הפנימיים, כי כן הוא כל אור פנימי יש עליו אור מקיף. אבל הכוללים דעקודים לא נתגלו כולם כי אם ב' בחינות, אבל הנר"ן לא נתגלו. ועיין לקמן בפרק ב' גם כן עד כאן לשונו. וענין ה' מקיפים הפנימיים שזכר הרב יוס"ד ז"ל, כתבם הרח"ו ז"ל בסוף פרק א' משער טנת"א במ"ב יעו"ש. ובפירוש הרב יוס"ד ז"ל יבוא בדקדוק לשון הרב ז"ל, שכתב לעיל מזה להיות עשרה אורות אלו פנימיים ומקיפים, מחוברים וקשורים יחד, בתוך כלי אחד וכו', דמשמע מלשונו הטהור שגם אורות המקיפים הם עומדים בתוך הכלי, וזה אי אפשר לומר, כי אם במקיפין של הפנימיים, אבל במקיפים דחיה ויחידה הכוללים הלא מעולם לא נכנס אור אל היחידה תוך הכלי. ואור החיה אף על פי שנכנס, אינו יכול להתעכב שם אלא חוזר ויוצא, בסוד אור חוזר דרך שערות הראש, אלא מוכרח שאלו המקיפים הם פנימיים. ועיין בספר שם משמעון בהגהותיו על עטרת יוסף דע"א ע"ב אות י"א, שהאריך בזה ופירש כהרב יוס"ד ז"ל, ודלא כהרב **טעם עצו**

והם רק מבחינת נפש, **וְנִמְשָׁכִין מִנֶּגֶד הַפָּנִים** ר"ל מפה דא"ק ומתפשטים **עַד**[70] **נֶגֶד הַטַּבּוּר** הגוף **שֶׁל זֶה הָא"ק** ואורות האלו של הפה מלבישים את אורות האזן המתפשטים עד שבולת הזקן, ואת אורות החוטם המתפשטים עד החזה[71], **וְזֶה עִיקָר הָאוֹר, אֲבָל** עצמות האור אור הפה דא"ק **גַּם כֵּן מֵאִיר** הארה **דֶּרֶךְ צְדָדִים לְכָל סְבִיבוֹת זֶה הָאָדָם** קדמון, **עַל דֶּרֶךְ הַנִּזְכָּר לְעֵיל** כמו **בְּאוֹרוֹת הָאֹזֶן** ואורות הַחוֹטָם המאירים את עיקר עצמות האור דרך הפנים, והארה בלבד המלבישה את סביבות א"ק, בלי כלים. **וְהִנֵּה. בְּאוֹרוֹת** היוצאים מֵאֹזֶן דא"ק **וּבָאוֹרוֹת היוצאים חוֹטָם** דא"ק לא היו בחינת כלים ממש, אלא רק שורש הכלים, לכן **לֹא הָיָה רַק בּ' בְּחִינוֹת שֶׁל אוֹר** בלי כלים, **וְהֵם** אור **פְּנִימִי** שהוא בעל שיעור קומה של עשר ספירות, גם לאזן וגם לחוטם, **וְאוֹר מַקִּיף** שהוא בעל שיעור קומה של עשר ספירות, גם לאזן וגם לחוטם, **אֲבָל כָּאן בַּפֶּה נִכְפְּלוּ הַבְּחִינוֹת, וְהָיוּ ב'** בחינות **שֶׁהֵן ד'** בחינות[72], ר"ל **כִּי**

---

בסוף פרק ב', ממשנת אורות הטעמים שעל משנת חסידים, יעו"ש. גם לפי דברי יוס"ד ז"ל יצא לנו שאורות דחוטם ימין ואזן ימין הם אורות המקיפים הכוללים והפרטים. שגם המקיפים הפרטים יצאו מצד ימין, ולא יצאו עם אורות דמצד שמאל הפנימיים. גם מה שהקשה בספר שמן ששון אות ח', ובפרק ג' אות י"ד, והניח בצ"ע, יתורץ במה שכתב הרב יוס"ד ז"ל. וכך כתב הרב יפה שעה ז"ל בפרק א' משער טנ"א במ"ב וז"ל - באופן שמן הדרוש והענין מוכרח להיות נרנח"י שלם, ומקיפיהם והכל בבחינות פנימיות, ועוד בחינת חיה ויחידה מקיפים כוללים על כולם, עד כאן לשונו יעו"ש.

70

**בֵּית לֶחֶם יְהוּדָה שׁ"ו פ"א** – עד נגד הטבור. הנקרא טבורא דלבא, שהוא במחצית התפארת.

71

**תרשים א – י.**

72

רבותינו הקדושים חכמי המשנה רמזו את הבחינות היוצאות מפה דא"ק. ידוע כי המלכות נקראת פה, כמו שכתוב בפתיחת אליהו – **מלכות פה**, גם השבת נקראת מלכות, כי כל יום בשבוע רומז על ספירה אחת משבע ספירות התחתונות, יום ראשון חסד, יום שני גבורה, וכו', **ושבת היא ספירת המלכות**, כמו שמבואר בנהר שלום, ונקראת השבת בזהר ובכתבי חז"ל שבת מלכתא. וב' בחינות שהם ד' בחינות נרמזו ביציאות השבת שניים שהם ארבע.

**גמרא שבת ד"ב ע"א** – יציאות השבת שתים שהן ארבע בפנים, ושתים שהן ארבע בחוץ, כיצד העני עומד בחוץ ובעל הבית בפנים, פשט העני את ידו לפנים, ונתן לתוך של בעל הבית, או שנטל מתוכה והוציא, העני חייב ובעל הבית פטור.   פשט בעל הבית את ידו לחוץ, ונתן לתוך ידו של עני, או שנטל מתוכה והכניס, בעל הבית חייב, והעני פטור.   פשט העני את ידו לפנים, ונטל בעל הבית מתוכה, או שנתן לתוכה והוציא, שניהם פטורין. פשט בעל הבית את ידו לחוץ, ונטל העני מתוכה, או שנתן לתוכה והכניס, שניהם פטורין.

**תיקוני הזהר, הקדמה ב', די"ז ע"א** – **מלכות פה** תורה שבעל פה קרינן לה.

**תיקוני הזהר, הקדמה, ד"ה ע"ב** – הפוך בש"ת ותשכח שב"ת, והיינו בראשי"ת יר"א שב"ת, דלא תחלל ליה בפרהסיא, כבר נש דלאו ביה בש"ת אנפין, ווי ליה מאן דמחלל **שבת מלכתא** דאיהו קדש למעבד ליה חול, דאוקמוהו מארי מתניתין, כל המשתמש בתגא חלף, זה המשתמש במי ששונה הלכות, כל שכן בשבת מלכתא.

**נהר שלום דכ"ה ע"א** – אמנם לא כל פרטי פרצופי בחינת כל הפרצופים הנזכרים דעתיק, וא"א, ואו"א, וזו"ן דאצילות יורדים בכל יום להתלבש בפרטי פרצופי בי"ע כנז"ל, רק פרט אחד מכל אחד מהם, כי כל יום מימי השבוע הוא בחינה בפני עצמה, והוא נקרא בחינת מלך אחד, כלול מכל פרטי פרצופי אבי"ע כנזכר לעיל בהקדמה.   יום א' חסד, ר"ל החסדים דכל המלכים דכל פרטי הזו"ן דעתיק, וא"א, ואו"א, וישסו"ת, וזו"ן, ויעקב ורחל, והוא באבי"ע דבריאה דשבוע שעבר.   יום ב' גבורה, על דרך הנזכר לעיל, והוא באבי"ע דיצירה דשבוע שעבר.   יום ג' תפארת, על דרך הנזכר לעיל, והוא באבי"ע דעשיה דשבוע שעבר.   יום ד' נצח, על דרך הנזכר לעיל, והוא באבי"ע דעשיה דשבוע הבא.   יום ה' הוד, על דרך הנזכר לעיל, והוא באבי"ע דיצירה

**הִנֵּה הֵם**[73] ב' בחינות ל"ג הכוללות **בִּזְּוֹגֵת אוֹרוֹת**, ובחינת **כֵּלִים**, ובחינת **הָאוֹרוֹת נֶכְפְּלוּ לְבׅ'** בחינות, **בְּסוֹד** אור **פְּנִימִי** ואור **מַקִּיף**, **וְהַכֵּלִים גַּם כֵּן** נכפלו בסוד כלי **פְּנִימִי**, וכלי **חִיצוֹן**[74].

**וְאֵלוּ** ]דכ"ד ע"ד 48[ **אַרְבָּעָה בְּזְּוֹגֵת**[75] של אור פנימי ואור מקיף, כלי פנימי וכלי חיצון **הֵם בְּזְּוֹגֵת גִּלּוּי**[76] **אוֹתָם ד' אַלְפִּי"ן הַנּוֹכְרִים לְעֵיל שֶׁהָיוּ** בהעלם בצורת אות ד' **בְּזְּוֹטָם**[77] ורק אות ו'

---

דשבוע הבא. יום ו' יסוד, על דרך הנזכר לעיל, והוא באבי"ע דבריאה דשבוע הבא. **יום שַׁבָּת מַלְכוּת,** על דרך הנזכר לעיל, והוא באבי"ע דאצילות. וכל הבירורים המתבררים בכל יום הוא מן הבחינות המתייחסות לאותו יום, ולא מזולתו, ולפיכך ביום הא' דכל שבוע יורדים כל פרטי פרצופי החסדים דכל הפרצופים הנזכרים דאצילות המתייחסים לאותו יום, דאותו שבוע, ומתלבשים בפרטי פרצופי החסדים דבי"ע על דרך הנזכר לעיל.
73

**הגהות וביאורים )**ז**(** – תיבת היו ליתא בכתב יד.
74

לכל הכלים שבבכל העולמות, הפרצופים, והספירות בלי יוצא מן הכלל יש בחינת פנימיות הכלי, וחיצוניות הכלי.
**ע"ח ש"ג פ"ג די"ז ע"ב** – והנה כל בחינת הכלים של כל העולמות, יש בהם חיצוניות ופנימיות. וכבר הודעתיך איך כל העולמות אלו, זה נעשה גוף לזה, וזה לזה, ונמצא כי כל העולמות כולם כאחד, אפילו א"ק, **כל הכלים שלהם יש בהם בחינת פנימיות וחיצוניות.**
75

בפרק ב' דשער זה הרב ז"ל מבאר כי הבחינות שבפה הם ד' הבלים, ולא כמו בפרקין שהם ב' בחינות של אורות, וב' בחינות של כלים. בחינות אלו שבתוך הפה הם שורשים לבחינות היוצאות חוץ לפה.
**ע"ח ש"ו פ"ב מ"ת דכ"ד ע"ד** – הנה אותן הד' אלפי"ן שציירנו לעיל בחוטם, הם נכנסין בפה ונעשים שם ד' הבלים, והנה ד' פעמים הבל גימטריא קמ"ח, כי על ידי השינים שבתוך הפה נטחנים אותן הד' הבלים, ונעשים קמח, ונגמרת פעולתן.
76

**בית לחם יהודה ש"ו פ"א** – גילוי אותן הד' אלפי"ן הנ"ל. בפרק ב' דשער טנת"א.
77

כאשר יצאו אורות האזן נתגלתה האות ה', והיא בחינת אותיות ד"ו. החוטם נתגלתה אות ו' מאותיות ד"ו, והיא נחלקת לשש חלקים, כל חלק הוא אות א', אות ד' נשארה נעלמת בחוטם. אות ד' מתגלת בפה דא"ק, וגם היא נחלקת לד' חלקים, כאשר כל חלק הוא אות א', כמו שאות ו' התחלקה החוטם. יוצא כי ככל שהאורות משתלשלים למטה כך יש גילוי ופרוט יותר גדול לאות ה' דאזן, וההנהגה היא יותר ויותר פרטית.
**תרשים – י"א.**
**ע"ח ש"ה פ"ב מ"ת דכ"א ע"ד** – אחר כך בא הטעמים האמצעיים, והם בחינת אור היוצא מחוטם דא"ק, וחוטם גימטריא ס"ג, גם מכאן נמשך ויוצא אור דרך ב' נקבי החוטם ימין ושמאל, ימין מקיף, ושמאל פנימי, על דרך הנזכר באזן, ונמשכו בישר עד החזה של זה הא"ק, וזהו עיקר האור. אמנם הארתו גם כן הוא מתפשט אל צד האחור ומסבב בכל סביבות א"ק. והנה כאן נתקרבו האורות אלו הפנימים במקיפים שלהם יותר מאורות האזנים, כי נקבי החוטם סמוכים הם, אבל עם כל זה נחלקו לב' )נ"א נחלקים הם( ואין מתחברים ביחד, ועל כן גם באורות אלו לא היה בם בחינת כלים, ומה שנתוספו באלו יותר )מבחי' אזנים דע כי החוטם הוא אות ו' ל"ג( מבארות האזנים הוא, כי צורת אות ו' שבתוך אות ה' אשר באזן היתה כלולה עמו )נ"א באוצרות חיים עמה( נתגלה עתה, ומה שהיתה אז בחינת ה', נעשה עתה בחינת ב' אותיות ד"ו, להורות יציאת אות ו' לחוץ וגילוייה, והוא סוד ז"א שבכאן נתגלה )נ"א ויצא ממעי אמו(. ואמנם לא נעשית ו' לבדה, אמנם היא נחלקת גם כן לששה חלקים, והם ו' אלפי"ן, וטעם הדבר כי הה' פרצופים הנכללין באות ה' שהם א"א או"א

שבחותם נחלקה לשש אלפי"ן[78] ונתגלתה בחותם, וד' אלפי"ן דאות ד' שבחותם נתגלו בפה דא"ק, **כי**[79] עיקר **הָאוֹר עָבַר וְנִמְשַׁךְ דֶּרֶךְ פְּנִימִיּוּת הָאָדָם הַזֶּה** שהוא א"ק, ונמשך מהחותם **וַיֵּצֵא דֶּרֶךְ הַפֶּה** בבחינת אור פנימי ומקיף, וכלי פנימי וחיצון.

הרב ז"ל מבאר את צורת ד' בחינות אות א' המתגלות בפה דא"ק, וכבר ביאר הרב ז"ל צורת אותיות אלו בחותם דא"ק[80], **וְהִנֵּה**[81] **הַב' אַלְפִי"ן**[82] **שֶׁצִּיּוּרָם יו"י הֵם**[83] **אוֹר פָּנִים** צ"ל פנימי **וְאוֹר מַקִּיף** שבעולם

---

זו"ן, והם נקרא יחנר"ן, נמצא כי ז"א הוא בחינת רוח כנודע, והנה הכתוב אומר כל אשר נשמת רוח חיים באפיו, להורות כי בחינת רוח נתגלה באפו שהוא החוטם, לכן בזה החותם נתגלה בחינת ז"א, ונתחלק לו"ק שבו. **אבל אות ד' נשארת אות אחת מחוברת, ואות ו' נחלק לו' אלפי"ן.**

78
**גמרא חולין דט"ז ע"א - יתיב רב אחוריה דרבי חייא** יושב רב מאחורי רבי חייא, **ורבי חייא קמיה דרבי** ורבי חייא לפני רבי, **ויתיב רבי וקאמר** ישב רבי ושאל, **מנין לשחיטה שהוא בתלוש** מאיפה לומדים ששחיטה צריכה להיות בכלי לא מחובר לקרקע, **שנאמר** על אברהם אבינו **ויקח את המאכלת לשחוט את** בנו, **א"ל רב לרבי חייא מאי קאמר** שאל רב את רב חייא מה אמר רבי, **א"ל וי"ו דכתיב אאופתא קאמר** כמו כותב את אות ו' על בעקת של עץ העשויה חריצים , **ומפרש רש"י** – כמו שכתוב וי"ו על הבקעת, וכולה מנותחת לפרקים, מפני שיני הבקעת שהן עשויין חריצין חריצין, ואינה חלקה.

79
**בית לחם יהודה ש"ו פ"א** – כי האור עבר ונמשך דרך פנימיות האדם הזה ויצא דרך הפה. הכוונה על אור הפנימי דהוי"ה דס"ג, שבפנימיות הא"ק עצמו, כמבואר בסוף פרק ב' דשער תנ"א, שהוא שורש ד' אלפי"ן דחותם, כענין שכתב רז"ל בפרק ב' דנקודים, יעו"ש. ולא שאור הד' אלפי"ן דחותם הם עצמם חזרו ונכנסו בפנימיות א"ק, ויצאו מדרך הפה, כפשטיות לשונו, שאם כן אין לפה שום אור מצד עצמו כלל.

80
קצת גילוי של צורות אות א' נתבאר בפרק ב' דשער תנ"א, כאן צורת אות א' מתגלה בפה דא"ק. בעיקרון יש ד' צורות של ציור את א' בפה דא"ק, הרב מבאר אותם ביותר עומק בכוונות האכילה.
**תרשים א – י"ב.**
**ע"ח ש"ה פ"ו מ"ת דכ"ב ע"א** – והנה ד' זו כבר אמרנו לעיל שאינה נפסקת, אבל יש הוראה אחרת אליה, והוא כאשר תקח תקה הד' שבאזן ימין שמספרה י' ספירות כנ"ל, והרי היא בחינת י' אחת, ותצרפנה ותחברנה עם הה' שבנקב ימיני של חוטם, שצורתה ד' כנ"ל, הרי הכל הם צורת **יו"ד** והוא ציור כזה א', **י'** למעלה, **ו'** באמצעיתא, **ד'** למטה. גם את תקח י' שבנקב אזן שמאל, ותחברנה עם ו"ד שבנקב חוטם שמאל, הרי אל"ף שני שצורתה **יו"ד**, והרי ב' אלפי"ן בציור **יו"ד**. ואם תצייר ציור א', והוא שתצרף י' של אזן שמאל, עם ו' של חוטם שמאל, וי' של אזן ימין, הרי א' צורת **יו"י**. גם אם תצרף י' של אזן ימין, ו' של חוטם ימין, י' של אזן שמאל, הרי ד' אלפין עם הנ"ל. ואלו הם מורים קצת גילוי על ד' של ה' שבחותם שנגלית מעט, אבל לא נגלית לגמרי כמו הו' של הה'. **אבל עיקר גמר גילוי הד' הוא למטה באור הפה** כמו שנבאר בע"ה.
**שער המצות, פרשת עקב** – ונחזור לכוונת האכילה, הנה נתבאר לעיל ב' בחינות בענין האכילה. האחד היא בירור המאכל בעצמו, הטוב שבו מן הסיגים המעורבים בו על ידי חטא אדם הראשון, וגם מה שהיה מעורב בהם מתחלת בריאתן מששת ימי בראשית כנ"ל. והשני היא ענין תיקון נפשות המגולגלים הנמצאות במאכל ומשקה. ונבאר כוונת בחינה הראשונה, כי השניה לא קבלתיה ממורי ז"ל. הנה טרם שיאכל האדם צריך שיכוין לבירור הטוב אשר במאכל ההוא, מן הרע המעורב בו, על ידי כוונה זו שנתבאר עתה. **ודע כי יש כוונות אחרות גדולות מזו בענין בירור האכילה**, והנה מנוח היה אוכל בכוונה זו שנתבאר עתה, וזה שאמר הכתוב שם והוא פלא, אותיות אל"ף, כי כל כוונתו היתה בסוד אות האל"ף, אשר היא בחכמה כמו שיתבאר, ולכן נגלה לו בבחינת פלא, ולהיות כוונה זו **בלתי עליונה מאד**, לכן אמרו רז"ל - מנוח עם הארץ היה, כי החכם יש לו **כוונה גדולה מכל זה**, ולכן אמר לו המלאך אם תעצרני לא אוכל בלחמך, לפי שאין כוונתך זו כל כך גדולה, אבל באברהם נאמר ויאכלו ממש, אוכלין ממש, כמו שאמרו רז"ל [מד"ר פ"ו]. וגם בזה תבין שם מנוח, כי היא מלת

מורכבת מ"ו נ"ח, והיא כללות הכוונות שנבאר עתה שעולים מ"ו ונ"ח, ולהיותו מכוין בזה ועושה בירור הזה תמיד כל ימיו, לכן נקרא על שם זה מנוח. וזה ביאורו, הנה נודע כי כל בחינת שבעה המלכים לא נתבררו אלא על ידי החכמה הנקרא מחשבה, כנזכר בזוהר פקודי דרנ"ד סוף ע"ב, ובריר פסולת מגו מחשבה וכו', ובמחשבה אתברר כלא. גם נודע מה שכתוב בפרשת ויקרא דף ד' אכלו רעים לעילא דא או"א דתמן אכילה, ולכן צריך לכוין בעת האכילה אל אות אל"ף שהיא בינה כנודע, בסוד מה שכתוב ]שבת ק"ד[ פרק הבונה, אל"ף בי"ת, אלף בינה, ותכוין בציורה אל החכמה כמו שיתבאר, ואמנם אם תוכל לכוין כוונות אלו בהמשך כל זמן אכילתך הוא דבר גדול, ולפחות תכוין כוונה זו כשאתה אוכל אותה הפרוסה של כזית דהמוציא אשר ברכת עליו. ותחלה תכוין כוונה קצרה דרך כלל, וזו היא, כי הנה ענין הבירור על ידי ל"ב שינים, שהם כנגד ל"ב נתיבות חכמה המבררין הכל, כנזכר דבמחשבה אתברר כלא, והם הטוחנין ומפררין את המאכל, ועל ידי כך מתברר האוכל מתוך הפסולת, כדרך הרחיים הטוחנות התבואה, ואחר כך מתפררין הסובין והמורסן שהם הקליפות מן הקמח שהוא האוכל, מה שאין כן קודם שנטחן, שהיו דבוקים יחד בתכלית. והנה ש"ן בגימטריא אחוריים דהוי"ה דיודי"ן דע"ב שבחכמה, שהם גימטריא קפ"ד, ואחוריים דהוי"ה דס"ג שבבינה, שהם גימטריא קס"ו, וקפ"ד וקס"ו בגימטריא ש"ן, כי השן טוחנת בחיבור או"א. גם תכוין כי ל"ב שינים אלו הם רמוזים בציור אות א' שצורתה יו"י, יו"ד לעילא, יו"ד לתתא, וא"ו באמצעיתא, וכבר נתבאר בתיקונים סוף תיקון כי אות א' בציור יו"י היא בחכמה, וזו הוא' שבאמצע צריך לחלקה לאורכה ותהיה שני ווי"ן זו על גבי זו כזה יוו"י, ואז נמצאו יו"ד עלאה עם וא"ו עלאה, הם י' שינים העליונים, ויו"ד וא"ו התחתונים הם י' שינים התחתונים. ואחר כך כוונות פרטיות זו אחר זו, והם ה' כוונות, והם מ"ו, ונ"ח, ולח"ם, וד"ק, וזה עניינם. תחלה תכוין כי הנה שני הלחיים הם הלוֹעסין המאכל, והם סוד או"א שבהם ענין האכילה, בסוד אכלו רעים לעילא כנזכר, לחי העליון אבא, לחי התתון אימא, ותכוין כי בלחי העליון יש א' וציורה יו"י היא בגימטריא הוי"ה, ובלחי התתון יש אל"ף תתאה וציורה יו"ד, והיא רומזת באימא שהיא ד' נוקבא, ותכוין כי שתי אלפי"ן אלו יו"י ויו"ד הם בגימטריא מ"ו, שהוא מלוי ההוי"ה דע"ב דיודי"ן, לרמוז שאף על פי שהם שני אלפי"ן אחד באבא ואחד באימא, הכל הוא באבא לבדו, אלא שהוא בסוד חו"ב שבו בעצמו, ולכן שתיהם נרמזים במלוי ע"ב אשר באבא, כי הנה המחשבה לבד היא המבררת כנזכר. כוונה ב', תכוין ששורש מציאות האכילה תהיה רמוזה באלו הלחיים, כדי שיהיה בהם מציאות לטחון את האכילה. וזה כוונת ששתי אלפי"ן הנזכרים, תחזיר לציירם בציור הנ"ל, שתתלק אות ו' שבאמצעיתה לשני ווי"ן, ואז תהיה ציור אל"ף הראשונה בציור יוו"י, וציור אל"ף השניה יוו"ד, ומנין אל"ף הראשונה בגימטריא ל"ב נתיבות חכמה, ומנין אל"ף השניה גימטריא הוי"ה, וחיבור שניהם יחד גימטריא א"ל הוי"ה, עם הכולל שהוא גימטריא אוכל. והרי נתבאר איך בלחיים נרמז מציאות האוכ"ל. ותכוין כי הנה כל אל"ף מאלו נחלקת לשני חלקים, כנ"ל שהוא י' עם ו' ו' עם יו"ד עילאה, יו"ד ו' תתאה. וכן אל"ף השניה היא י' עם וא"ו עילאה, ד' עם ו' תתאה, ותכוין לכלול חצי התתונה של האל"ף הראשונה בחצי התתון של אל"ף השניה, וחצי העליון של אל"ף העליונה, בחצי העליון של אל"ף השניה. וזה סוד הבן בחכמה וחכם בבינה. כי שני אלפי"ן אלו הם בחו"ב, וחוזרין ונכללין יחד. כוונה ג', תכוין באוכל הנזכר שיהיה לחם מתוקן ונגמר, והוא על ידי שתכוין אחר כך לחבר שני ציורי שני אלפי"ן הנזכרים שהם בגימטריא נ"ח, עם הציור הראשון שצ ציירנו באות אל"ף השניה שציורה יו"ד, ואז יהיה הכל גימטריא לח"ם, שהם ג' הויו"ת הנ"ל בביאור המוציא לחם מן הארץ. כוונה ד', תכוין לטחון הלחם הנזכר על ידי ל"ב שינים, ועל ידי כך יתברר האוכל והקדושה מתוך הפסולת והקליפה, כדמיון השמן שאינו יוצא מן הזית אלא על ידי הטחינה, וכן אין הסובין והמורסן נפרדין מן הקמח אלא על ידי הטחינה. ונמצא כי הכוונה היא להדק הלחם ולכתוש אותו, ולעשותו דק, וזה על ידי שתתחבר שתי הכוונות מ"ו ונ"ח ביחד, שהם הראשונה והשניה, ושניהם גימטריא ד"ק. והנה אם תחבר כוונת לח"ם וכוונת ד"ק יהיו בגימטריא יעקב, ואם תחבר כוונת מ"ו ונ"ח וד"ק, יהיו גימטריא יצחק, ועל דרך זו כוונות אחרות שמעתי ממורי ז"ל ושכחתים. כוונה חמישית, תכוין לבלוע המאכל אחר שנטחן, כי שם בהצטומכא הוא גמר הבירור, כי אז מתעכל המאכל, והטוב שבו מתהפך לדם, והמזון הולך אל הכבד, ומתפשט בכל העורקים והאיברים כנודע, והרע שבו יורד דרך בני מעים, ויוצא לחוץ. וזה על ידי שתכוין לחבר הכוונה השנית שמספרה נ"ח עם ציור האל"ף הראשונה שבכוונה הראשונה של חשבון מ"ו, כי ציורה גימטריא כ"ו, והנה נ"ח וכ"ו הם גימטריא פ"ד, והוא סוד אותיות אחה"ע שבגרון בבית הבליעה, שמספרם פ"ד, ונודע כי הם באימא. ונמצא כי החיך שהוא חכמה, דוחה המאכל שהיא אימא, ולכן לא חיברנו עם אותיות אחה"ע שבגרון רק ציור אל"ף עליונה, שהיא באבא, ולא האל"ף

העקודים, וציורם[84] נעשה על ידי צירוף אות י' של אזן ימין, והם י' ספירות דאזן ימין דא"ק, עם אות ו' שבנקב הימיני דחוטם א"ק, ועם אות י' שבאזן שמאל דא"ק, ביחד נעשת אות א' בציור אותיות יו"י, ואות א' זאת היא בחינת אור המקיף היוצא ומתגלה בפה דא"ק, וזאת היא אות א' הראשונה בציור יו"י. אות א' השניה בציור יו"י שהיא בחינת אור פנימי היוצא ומתגלה בפה דא"ק נעשה על ידי צירוף אות י' דאזן שמאל, עם אות ו' של נקב חוטם שמאל, ועם אות י' של אזן ימין, ביחד הם אות א' בציור יו"י, וב' האלפי"ן שציורם יו"י הם בחינת אור מקיף ואור פנימי היוצאים ומתגלים מהפה דא"ק.

**• והב'[85'] אלפי"ן שׂצׂיוֹרם יוֹ"ד הם**[86] יותר גרועות במעלה מב' אלפי"ן שציורם יו"י, הם **ב' בחׂיׂנׂוֹת הכלים** שבעולם העקודים, שהם **פנׂיׂמׂיׂוֹת** הכלים דעקודים, **וחׂיׂצׂוׂנׂיׂוֹת** הכלים דעקודים, וציורם[87] נעשה על ידי צרוף אות י' שבאזן ימין עם אות ה' שבחוטם ימין שצורתה ו', ביחד נעשת אות א' בצורת יו"ד, והיא בחינת כלי חיצון היוצא ומתגלה מפה דא"ק. אות א' השניה בציור יו"ד שהיא בחינת כלי פנימי היוצא ומתגלה בפה דא"ק נעשה על ידי צירוף של אות י' דאזן שמאל עם אות ה' דחוטם שמאל שציורה ו', ביחד נעשת אות א' בצורת יו"ד, וב' אלפי"ן שציורם יו"ד הם בחינת כלי חיצון וכלי פנימי היוצאים ומתגלים מפה דא"ק. **• ואלו הׂארבׂעׂה**

---

התחתונה שהיא באימא. גם תכוין כי **פ"ד** היא בגימטריא חנוך, והוא סוד **מטטרו"ן** שהוא עולם היצירה, ובו ענין האוכל הנזכר, שהוא בגימטריא **א"ל הוי"ה** שביצירה, כמבואר אצלינו בדרוש השבתות, ויום טוב, וחול המועד, כי אוכל נפש הוא ביצירה, וכמו כן בתחלת הדרוש הזה, וכמו שיתבאר עתה בע"ה. **אחר כך** תכוין לחבר כל הכוונות הנז"ל יחד, שהם **מ"ו, נ"ח, לח"ם, ד"ק, פ"ד** שכולם הם בגימטריא **ש"ע** נהורין, וגם זה הוא רמוז במלת אוכל שהיא א"ל הוי"ה, והנה אם תמלא שם א"ל במילוי, יעלה קפ"ה, וב' פעמים קפ"ה הם בגימטריא ש"ע נהורין. וטעם היותם ב' שמות א"ל שמעתי, ושכחתי, ואיני יודע איזה מב' אלה הפירושים היא מה ששמעתי, והיא אם הם שם א"ל הוי"ה שביצירה, הנקרא אוכל, וא"ל אדנ"י שהוא בעשייה, הנקרא אכילה כמו שנבאר, או אם נאמר ששניהם ביצירה, והוא כי א"ל בגימטריא, קפ"ה כנזכר, וגם שם הוי"ה ביודי"ן האחוריים שלו הם קפ"ד, ובכולל קפ"ה, ושניהם הוא ש"ע.
81

**בית לחם יהודה ש"ו פ"א** – והנה הב' אלפי"ן בציורם יו"י. הנזכרים בפרק ב' דטנת"א, שהם יו"י של מספר העשר ספירות ואזן שמאל, וא"ו של ד"ו דחוטם שמאל, ויו"ד של מספר עשר ספירות דאזן ימין, הרי אל"ף בציור יו"י. והאל"ף השני הוא יו"ד של מספר י' ספירות ואזן ימין, וא"ו של ד"ו דחוטם ימין, ויו"ד של מספר י' ספירות דאזן שמאל, יעו"ש.
82

**הגהות וביאורים )ח(** – א"מ כאן סוד גדול, והוא כי הב' אלפי"ן שציורם יו"י הם ב' הוי"ת, ולכן הם בחינת אור, כי דכורא אור. וב' אלפי"ן שציורם יו"ד הוא בחינת חושך, ולכן הם בחינת כלי, כי שם אהי"ה נוקבא חושך בערך הזכר, והנוקבא כלי לזכר בעלה, ולכן הזכרים בימין, והנוקבא בשמאל, ודוק.
83

**בית לחם יהודה ש"ו פ"א** – הם אור פנימי ואור מקיף. כי ציור יו"י הראשון הוא אור פנימי, כי הוא מתחיל מצד שמאל. וציור יו"י השני הוא אור מקיף, כי הוא מתחיל מצד ימין.
84

**תרשים א – י"ג.**
85

**בית לחם יהודה ש"ו פ"א** – והב' אלפי"ן שציורם יו"ד. הנזכרים בפרק ב' דטנת"א שהם יו"ד שבאזן ימין, וה' דחוטם ימין שצורתה ד"ו, הם אל"ף הראשון של ציור יו"ד. ואל"ף השני הוא יו"ד דאזן שמאל, וד' דחוטם שמאל.
86

**בית לחם יהודה ש"ו פ"א** – הם ב' בחינות הכלים פנימיות וחיצוניות. כי ציור יו"ד ראשון שהוא מצד ימין, הוא חיצוניות הכלי, שהוא זך יותר מפנימיות הכלי. וציור יו"ד שניה שהוא מצד שמאל דאזן וחוטם, הוא פנימיות הכלי.
87

**תרשים א – י"ד.**

בְּחִינוֹת של אות א' הֵם עַצְמָן בְּחִינַת ב' אָזְנַֹיִם דא"ק, וב' נִֹקְבֵי הַחוֹטֶם דא"ק, שֶׁיָּצְאוּ
וְנִתְגַּלוּ כָּאן בַּפֶּה דא"ק, כי תחילה נתגלתה אות ה' באזנים דא"ק[88], והיא נפרטת לאותיות ו"ד. אות ו' נתגלתה
בחוטם דא"ק[89] עם שורש אות ד', ובפה דא"ק יצאו ונתגלו בחינות אלו בצורת אותיות א' בציור יו"י והציור יו"ד.

בשער טנת"א מבאר הרב ז"ל כי הציור של ד' האלפי"ן נעשה מחיבור אורות האזן והחוטם, ומחיבור זה נעשו ב' אלפי"ן
בציור יו"י, וב' אלפי"ן בציור יו"ד, כאן הרב ז"ל כותב כי מן אזן ימין נמשך האור דרך פנימיות א"ק עד בפה, וייצא
דרך הפה ונעשה אור מקיף, ומחוטם ימין נמשך האור דרך פנימיות א"ק עד הפה, וייצא דרך הפה נעשה אור פנימי, וב'
אורות אלו הם ב' אלפי"ן הציור יו"י. מאזן שמאל נמשך האור דרך פנימיות א"ק עד הפה, וייצא דרך הפה עד הפה, אורות אלו ב'
אלפי"ן הציור יו"ד, וצריך[90] עיון כי הבחינות שיצאו מהפה הם הטעמים התחתונים שהם סוד ב"ן דע"ב דס"ג, אבל

---

88

**ע"ח ש"ה פ"א מ"ת ד"ך ע"ד** – והנה בזה האור יש בחינת י' ספירות שלימות באופן זה. כי מאזן ימין
נמשכת י' ספירות מבחינת אור מקיף, ומאזן שמאל י' ספירות מבחינת אור פנימי, וב' בחינות אלו הם י'
ספירות שלימות. והנה אזן גימטריא נ"ח שהוא שם ס"ג חסר ה' אחרונה, כי מכאן מתחיל השם ס"ג כנ"ל,
וענין זה יתבאר בע"ה. והנה האורות אלו הם בחינת טעמים של שם ס"ג עליונים, אשר הם למעלה על
האותיות כנ"ל. והנה עדיין באלו האורות לא נתגלה בהם בחינת כלי כלל וכלל. גם דע כי י' ספירות אלו יצאו
מקושרים בתכלית התקשרות, ולא ניכר מהן רק שכולן בחינת **ה'** אחת, כי אות ה' כשהתחבר עם אזן גימטריא
ס"ג, ומציאת ה' זו היא בחינת העשר ספירות שנכללין בה', ושרשם המה ה' פרצופים א"א, או"א, זו"ן, ועדיין
לא ניכר בהם בחינת י', רק היותם בחינת ה' פרצופים האלו לבד, ואפילו אלו הה' לא היו ניכרות ונפרדות זו
מזו, אלא כולם היו קשורים באות שהיא ה', כי צורת ה' זו היא צורת **ד"ו** גימטריא י', להורות על היותם י'
ספירות כלולים בה' הנ"ל, ועדיין כולם נקרא אות ה' לבד.

89

**ע"ח ש"ה פ"ב מ"ת דכ"א ע"ד** - והנה כאן נתקרבו האורות אלו הפנימים במקיפים שלהם יותר מאורות
האזנים, כי נקבי החוטם סמוכים הם, אבל עם כל זה נחלקו לב' )נ"א נחלקים הם(, ואין מתחברים ביחד, ועל
כן גם באורות אלו לא היה בחינת כלים, ומה שנתוספו באלו יותר )מבחי' אזנים דע כי החוטם הוא אות ו' ל"ג(
מבאורות האזנים הוא כי צורת אות ו' שבתוך אות ה', אשר באזן היתה כלולה עמו )נ"א באוצרות חיים עמה(
נתגלה עתה, ומה שהיתה אז בחינת ה' נעשה עתה בחינת ב' אותיות **ד"ו**, להורות יציאת אות ו' לחוץ וגילוייה,
והוא סוד ז"א שבכאן נתגלה.

90

אפשר שהכוונה על שורשי האורות והכלים שיצאו דרך הפה, לפי זה שורש אור המקיף שיצא מפה דא"ק
הוא באזן ימין, שורש אור פנימי שיצא מפה דא"ק הוא בנקב חוטם ימין, שורש כלי חיצון שיצא מפה דא"ק
הוא באזן שמאל, ושורש כלי פנימי שיצא מפה דא"ק הוא בנקב חוטם שמאל.
**חסדי דוד דמ"ט ע"ג )י**( – סדר יציאת אורות אח"פ הם על דרך זה, כי הבל האזן אשר איננו נרגש הנקרא
נשמה, והוא טעמים עליונים דנקודות הכוללים, ע"ב דס"ג, והם חב"ד. ויצאו עשר ספירות אור מקיף מנקב אזן
ימין, ועשר ספירות אור פנימי מנקב אזן שמאל, ויצאו ב' רמז לה' פרצוף וצורתה **ה'**, כמספר י'
ספירות, ומתפשט דרך תיקון ראשון הנקרא אל, ומסתיים בשיבולת הזקן, ואין מתחבר אור מקיף עם אור
פנימי, **ולכן אין בהם כלים**, ונקרא י' דהוי"ה. ואורות החוטם שהוא הבל יותר נרגש, הנקרא רוח, והוא טעמים
אמצעים דס"ג, חג"ת, יצאו עשר ספירות אור מקיף מנקב חוטם ימין, ועשר ספירות אור פנימי מנקב חוטם
שמאל, והם גם כן צורת ה', וצורות **ה'** כנזכר, אלא שבכאן יצתה הו' מתוך הה', וגם נחלקה לו' חלקים, יען
החוטם הוא ז"א, רוח, לכן נתגלו כאן הו"ק, והם ו' אלפין מימין, וכן משמאל, הרי י"ב אלפי"ן, והחוטם עצמו
הוא ציור אל"ף, כי ב' נקבים הם ב' יודי"ן, והכותל ו', הרי י"ג אלפי"ן, כמספר וא"ו, להורות דכל אורות אלו
הם מס"ג הכולל, כי בוא"ו הוא החילוק שיש בין ע"ב לס"ג, ומתפשט דרך תיקון הג' הנקרא **וחנון**, וסיומם עד
החזה, ואורות האזן מתלבשים בתוכם, וגם הם אינם מתחברים האור מקיף עם האור פנימי, **ואין בהם כלים**,
ונקקאים ה' ראשונה דהוי"ה. ואם תחבר פסק עם מקף שהם טעמים אמצעים, הם צורת ד', ואף על פי שהד' לא

שורשם הוא בטעמים העליונים ס"ג דע"ב דס"ג, שהם באזן, ובטעמים האמצעיים מ"ה דע"ב דס"ג, שהם בחוטם. ומבאר הרב ז"ל [91] **כי** [92] **מן אזן ימין נמשך** בפנימיות א"ק עד הפה **האור** הנקרא ס"ג דע"ב דס"ג, **ויוצא**

---

נחלקה, יש רמז לחילוקה, כי תחבר ה' דאזן ימין שהיא י', עם ד"ו דחוטם ימין, וכן בשמאל הרי ב' אלפי"ן בציור יו"ד. ואם תחבר י' אזן ימין עם ו' דחוטם ימין וכן י' אזן שמאל, וכן להפך י' אזן שמאל ו' חוטם י' אזן ימין, הרי ב' אלפי"ן בציור יו"י. ואורות הפה שהוא הבל הנרגש מכולם הנקרא נפש, והוא טעמים תחתונים דס"ג, נה"י, יצאו עשר ספירות אור מקיף, ועשר ספירות אור פנימי מחוברים יחד, **ומהכאתם זה בזה נתהווה כלי באורות הפה**, ולכן פ"ה גימטריא ס"ג וכ"ב, דכלם הם ס"ג, אלא שבכאן ניתוספו **הכלים שהם האותיות**, ולא היה כי אם כלי אחד, והיה אורות בתוכו. ולכן נקרא עקודים, והם גם כן בציור ה' שצורתה ד"ו, אלא שכאן נחלקה גם הד' לד' אלפי"ן הנזכר, והם עצמם אורות האזנים והחוטם, כי האזנים הם ב' אלפי"ן בציור יו"י, וירדו בסוד הבל ודיבור בלחי העליון דפה, הבל בימין ודיבור בשמאל, מהההבל נעשה אור מקיף, ומהדיבור נעשה חיצוניות הכלי. והחוטם הוא ב' אלפי"ן בציור יו"ד, וירדו בסוד הבל ודיבור בלחי התחתון דפה, ונעשו מהההבל אור פנימי, ומהדיבור פנימי הכלי, ומתפשט דרך תיקון הה' הנקרא **אפיים**, ומסתיימים עד הטיבור, ואורות האזן וחוטם מתלבשים בתוכו, והם ו' דהוי"ה.

91

**איפה שלמה ד"ב ע"ב)ו(** – כי מאזן ימין נמשך האור וכו'. בסוד אור מקיף וכו'. וקשה והלא בתחילת דבריו כתב כי משני אלפין שציורם יו"י הם פנימי, שהם של ב' אזנים. וכן ב' אלפי"ן שציורם יו"ד נעשה מהם חיצוניות ופנימיות הכלי, והם בשני נקבי החוטם ימין ושמאל. ועיין להרב זמרת הארץ דף ד' ע"ב ראה ראיתי וכו', ולהרב חסדי דוד אות יו"ד, ולהגהת הרמ"ז אות ל"ג. ועיין בסדור הרש"ש ז"ל בכוונת האכילה, והביא דבריו הרב דברי שלום ז"ל בפרק ב' משער העקודים וז"ל - שאלו הד' אלפי"ן נכנסים תוך הפה, שני אלפי"ן ראשונים דשני מיני אלפי"ן בימין הפה, הבל ודיבור, ושני אלפי"ן ב' דשני מיני אלפי"ן בשמאל הפה, הבל ודיבור וכו', יעו"ש. ונראה לי בכוונת דברי הרש"ש ז"ל בהקדים מה שכתב בהגהותיו בשער המוחין פרק ט' וז"ל הקדוש בקיצור - הז"א יש בו מ"ה וב"ן דמ"ה, ומ"ה וב"ן דב"ן. מ"ה וב"ן דמ"ה בימינו, והם באופן זה, כי מ"ה דמ"ה שהוא בחינת חכמה דמ"ה בפנים, וב"ן דמ"ה שהוא בחינת בינה דמ"ה שהוא שמאל דמ"ה, הוא בצד האחור דימינו. ומ"ה וב"ן דב"ן הם בשמאלו, והם באופן זה, מ"ה דב"ן שהוא חכמה דב"ן, בפנים דשמאל, וב"ן דב"ן שהיא בחינת בינה דב"ן, שהוא שמאל דב"ן, הוא בצד האחור דשמאל. וכשמזדווגים או"א לתת מוחין לז"א, אבא מזריע חו"ב חו"ג, שהם מ"ה וב"ן דמ"ה. ואימא מזרעה חו"ב חו"ג, שהם מ"ה וב"ן דב"ן. ואימא מעלה מ"ן חכמות וחסדים שלה, שהם מ"ה דב"ן, ונותנת אותם לאבא, ומתלבשים בהוד וחצי יסוד השמאלי שלו. ואבא נותן לה בינות וגבורות שלו, שהם ב"ן דמ"ה, ומתלבשים בנצח וחצי יסוד הימני שלה, ונעשים לה חכמות וחסדים. ועכשיו יהיה נמצא בנה"י דאבא אחר החילוף מ"ה דמ"ה, ומ"ה דב"ן. מ"ה דמ"ה בימינו, ומ"ה דב"ן בשמאלו. ובנה"י דאימא אחר החילוף ב"ן דמ"ה וב"ן דב"ן, ב"ן דמ"ה בימינה, וב"ן דב"ן בשמאלה. וכשמתלבשים בז"א יתלבש נצח דאבא בחכמה דמ"ה ימין דימין, והוד דאבא בחכמה דב"ן ימין דשמאל. והיסוד בשני חצאי הימנים דשני הדעות דמ"ה וב"ן. וכן מתלבש נצח דאימא בצד האחור בבינה דמ"ה שמאל דימין. והוד דאימא בבינה דב"ן שמאל דשמאל. והיסוד בשני חצאי השמאליים דמ"ה וב"ן. עד כאן לדבריו בקיצור יעו"ש. המורם מדבריו שנה"י דאבא מתלבשים בימין דימין, ובימין דשמאל. ונה"י דאימא מתלבשים בשמאל דימין, ושמאל דשמאל. והנה גם כאן באורות האזן והחוטם נימא בדרך אפשר אי ניחא קמיה קבה"ו, שמזדווגים צד ימין דאזן וחוטם עם צד ימין לצד שמאל, ונעשים שם בצד שמאל לחכמות וחסדים. והבינות והגבורות של צד ימין ניתנים לצד שמאל, ונעשים שם בצד שמאל לחכמות וחסדים. והחכמות וחסדים שבצד שמאל ניתנים לימין, ונעשים שם בינות וגבורות. וראיתי להרמ"ז ז"ל ומפרשים אחרים שקראו לאלף שצורתו יו"י חסדים. ולאלף שצורתו יו"ד גבורות. ואם כן נמצא שאלף שצורתו יו"ד שבצד ימין ניתן לצד שמאל, ומשמש שם לחכמות וחסדים. והאלף שצורתו יו"י שבצד שמאל ניתן לימין, ונעשה בצד ימין בינות וגבורות. נמצא עתה ששני אלפי"ן שצורתם יו"ד הם באזן ימין ובחוטם ימין, וצד ימין יקרא בערך צלם דאבא. ושני אלפי"ן שציורם יו"ד נמצאים עתה כולם בצד שמאל, וכולם הם בערך צלם אימא. וכשמתלבשים בתוך הפה, הנה כמו שמצינו צלם דאבא מתלבש בימין דימין, ובימין דשמאל דז"א, וצלם דאימא מתלבש בשמאל דימין, ובשמאל דשמאל דז"א, כן הוא גם כן הכא, שאורות אזן ימין וחוטם ימין שהם עתה אחר החילוף שני אלפי"ן, שציורם יו"י, הם מתלבשים בתוך הפה בימין דימין, ובימין דשמאל, ונעשים בפה בחינת הבלים שהם האורות. ואורות דאזן וחוטם שמאל של

**דֶּרֶךְ הַפֶּה** בְּסוֹד אוֹר מַקִּיף, וּמִן הַחוֹטָם יָמִין נִמְשָׁךְ בפנימיות א"ק עד הפה האור הנקרא

מ"ה דע"ב דס"ג, **וְיוֹצֵא דֶּרֶךְ הַפֶּה** בסוד **אוֹר פְּנִימִי**, וב' אורות אלא הם סוד ב' אלפי"ן בציור יו"י.

(ל"ג[93] וּבְ' **אַלְפִי"ן** שֶׁצִיּוּרָם יו"ד הם בבזיונת הכלי פְּנִימִי וְחִיצוֹן), וּמִנֶּקֶב[94] חוֹטָם

**שְׂמָאל נִמְשָׁךְ** בפנימיות א"ק עד הפה האור הנקרא מ"ה דע"ב דס"ג, ויוצא דרך הפה **וְנַעֲשֶׂה** בסוד

---

עכשיו שהם ב' אלפי"ן שציורם **יו"ד** הם מתלבשים תוך הפה בשמאל דימין, ושמאל דשמאל, ונעשים שם בחינת דיבור, שהם הכלים. ונמצא עתה בתוך אור הפה אור אזן ימין, אור מקיף, ואור חוטם, אור פנימי. והם עומדים בימין דימין, ובימין דשמאל של הפה, והם שני אלפי"ן שציודם **יו"י**. ואור אזן שמאל חיצוניות הכלי, ואור חוטם שמאל פנימיות הכלי, והם הב' אלפי"ן שציורם **יו"ד**, והם עומדים בשמאל דימין, ובשמאל דשמאל של הפה. זה נראה לי בכוונת הרש"ש ז"ל, ובזה יתיישבו כל לשונות רז"ל. וראיתי להרב חסדי דוד באות יו"ד שכתב כי האזנים שהם שני אלפי"ן **יו"י**, נעשו הבל ודיבור וכו' יעו"ש. נראה שכוונתו להגיה בדברי רז"ל, ולפי מה שכתבתי אין צריך להגיה. ובפירושינו זה יתייישבו גם קושיית הרב יפה שעה ז"ל שבפרקין באות א', יעו"ש, וא"ש אתי"מ (ואם שגיתי אתי תלין משוגתי).
92

**בית לחם יהודה** ש"ו פ"א – כי מן אזן ימין נמשך האור ויוצא דרך הפה בסוד אור מקיף, ומן חוטם ימין נמשך ויוצא דרך הפה אור פנימי. תימה, והלא אי אפשר לצייר אל"ף בצורת **יו"י** אם לא בהצטרפות ב' אזנים עם צד אחד של החוטם, ומאחר שכתב לעיל דב' אלפי"ן וציור **יו"י** הם אור פנימי ואור מקיף, אם כן היכי אפשר תו למימר דאור אזן ימין לבדו הוא אור מקיף, ואור חוטם ימין לבדו הוא אור פנימי. והכי נמי איכא לאקשויי בסיפא מחיצוניות ופנימיות הכלי, הנעשה מאזן שמאל ומנקב שמאל החוטם, דהתם נמי אי אפשר לצייר הב' אלפי"ן בצורת **יו"ד** אם לא בהצטרפות צד אחד מהאזן עם צירוף ב' נקבי החוטם. וכמו שהקשה הרב יפה שעה ז"ל. ותו קשה אי אזן ימין היא אור מקיף, ואור חוטם ימיני הוא אור פנימי, אם כן היכי הכו אורות פנימי ומקיף הנזכרים זה בזה, שהוא סוד הזווג, ונולד מהם בחינת הכלים שבשמאל הפה כנז"ל. והא אור האזן הוא נשמה, ואור החוטם הוא רוח, כל בחינה בפני עצמה. ועוד קשה דאי מאור אזן שמאל, ומנקב שמאל דחוטם נעשה חיצוניות ופנימיות הכלי, אם כן אמאי הוצרכו אורות דאור מקיף ואור הפנימי להכות זה בזה.
93

הגירסא המוקפת היא לא מספר אוצרות חיים.
94

**בית לחם יהודה** ש"ו פ"א – ומנקב חוטם שמאל נמשך ונעשה פנימיות הכלי, ומן אזן שמאל נמשך ונעשה חיצוניות הכלי. עיין להרב יפה שעה ז"ל שהקשה איך מאור אזן שמאל שהוא גדול מאד, בחינת טעמים, נעשה מהם חיצוניות הכלי, ומאורות דנקב ימין דחוטם, נעשה מהם אור פנימי, והיה צריך להיות אור פנימי ואור מקיף שניהם מאורות האזן, וחיצוניות ופנימיות דכלים מאורות החוטם. ותרץ כי הנה כאשר יוצאים האורות מתוך פה דא"ק יוצאים ב' מדרגות אור פנימי ואור מקיף, והם ב' שהם ד', שאור פנימי נמשך מאור פנימי דאזן שמאל, ומאור פנימי דחוטם שמאל, ואור מקיף נמשך מאור מקיף דאזן ימין, ומאור מקיף דחוטם ימין. וכאשר יוצאים האורות מפה א"ק ולחוץ, כיון שהם מכים ובוטשים זה בזה כל אחד בשכנגדו, אור מקיף דאזן ימין מכה באור פנימי דאזן שמאל, ונעשה אור דאזן שמאל בערך כלי אור מקיף דאזן ימין. וכן מכים אורות החוטם זה בזה ונעשה אור פנימי דחוטם שמאל בחינת כלי, בערך אור מקיף דחוטם ימין. והרי עתה עלה בידינו ב' כלים וב' אורות, ונתלבשו הב' כלים זה בתוך זה, והב' אורות זה בתוך זה, וכלי אזן שמאל הוא חיצוניות הכלי, שהוא עדיף, וכלי חוטם שמאל הוא פנימיות הכלי הגרוע, וזה נכון עד מאד, יעו"ש. וענין חיצוניות ופנימיות הכלי עיין בהגהות מהרח"ו ז"ל בפרק א' דשער כ', ובדברינו דהתם.

---

38

**פְּנִימִיּוּת הַכְּלִי, וּמִן** [95] **אוֹר אֹזֶן שְׂמֹאל נִמְשָׁךְ** בפנימיות א"ק עד הפה האור הנקרא ס"ג דע"ב דס"ג, ויוצא דרך הפה **וְנַעֲשָׂה** בסוד **חִיצוֹנִיּוּת הַכְּלִי** [96], וב' אורות אלא הם סוד ב' אלפי"ן בציור יו"ד.

**וְאֵלּוּ הָאַרְבָּעָה בְּחִינוֹת** של ארבעה אלפי"ן משורשם שבאזן ובחוטם דא"ק עד הפה דא"ק, והם ב' בחינות של אור פנימי ואור מקיף, והם ב' אלפי"ן בציור יו"י. וב' בחינות של כלי פנימי וכלי חיצון, והם ב' אלפי"ן בציור יו"ד **נִכְנָסוּ בַּפֶּה** דא"ק דרך פנימיותו, וכאשר הם יוצאים מפה דא"ק הם מתגלים ועושים את ארבעה הבחינות דאור פנימי ואור מקיף, וכלי פנימי וכלי חיצון. **כִּי** [97] **הִנֵּה בַּפֶּה יֵשׁ** בכח ולא בפועל **בְּחִינַת הַהֶבֶל וּבְחִינַת דִּבּוּר** [98] וכאשר בחינות אלו יוצאים מהפה, הם בחינת הבל ודיבור בפועל [99], **וְהִנֵּה** [100] **הַהֶבֶל** שהוא מופשט

---

95

**איפה שלמה ד"ב ע"ב )ו(** – ומן אזן שמאל נמשך ונעשה חיצוניות הכלי וכו'. עיין להרב יפה שעה ז"ל באות א', מה שהקשה ומה שתירץ יעו"ש. ולענינות דעתי נראה לתרץ באופן אחר, שמוכרח להיות חיצוניות הכלי מבחינת האזן, שהיא בחינת נשמה, כדי שישאיר בו אור מקיף שנעשה מבחינת האזן ימין, שהוא בחינת נשמה, כיון שהם מסוג אחד. לא כן אם היה בחינת הכלי חיצוניותו ופנימיותו מבחינת החוטם, שהוא מבחינת הרוח, אז היה חסר חיצוניות הכלי מהארת המקיף, כיון שאינם מסוג אחד. ועיין ש"ש ז"ל אות ט' מה שתירץ שאינו מובן.

96

**יפה שעה )א(** – ומן אזן שמאל נמשך ונעשה חיצוניות הכלי, ומן חוטם שמאל נמשך ונעשה פנימיות הכלי, כו'. יש להקשות שהרי אור הבל האזן גדול מאד מן הבל החוטם לאין ערך, כמו שכתב רז"ל בפרקים דלעיל, שהבל האזן בחינת נשמה, והבל החוטם בחינת רוח, ובשבירת הכלים הכתר שלקח מאור האזן לא נשבר הכלי שלו, והשאר שלא לקחו אור האזן נשברו הכלים שלהם, כל זה מורה מעלת אור האזן עד אין תכלית על אורות חוטם ופה. ואם כן איך מאור האזן עליונה נמשך ונעשה חיצוניות הכלי, ומחוטם ימין נעשה אור פנימי, והיה צריך להיות האורות שניהם פנימי ומקיף מאורות האזן, והכלי חיצוניות ופנימיות מאורות החוטם. ומה שנראה לענינות דעתי לומר, שהרי כל האורות האלו כולם בחינה אחד היא, והכל שוה הוא בהיותו בפנימיות דא"ק, אלא שבצאתו לחוץ ובירידתו יותר למטה הוא משתנה להיותו גרוע במעלה, כמו שכתב רז"ל לעיל בפרק א' משער טנת"א, ז"ל - גם דע כי אותו האור היוצא מתוך א"ק הזה הנה הוא כולו אור אחד יע"ש. והנה כאשר יוצאים האורות מתוך פה דא"ק יוצאים שני מדרגות אור פנימי ואור מקיף, והם שתים שהם ד', שאור פנימי נמשך מאור פנימי דאזן שמאל, ומאור פנימי דחוטם שמאל, ואור מקיף נמשך מאור מקיף דאזן ימין ומאור מקיף דחוטם ימין. וכאשר יוצאים האורות מפה א"ק ולחוץ, כיון שהם פוגעים זה בזה, מכים ובטשין זה בזה, כל אחד בשכנגדו, אור מקיף דאזן ימין מכה באור פנימי דאזן שמאל, ונעשה אור דאזן שמאל כלי בערך אור מקיף דאזן ימין. וכן מכים ומבטשין אורות החוטם זה בזה, ונעשה אור פנימי דחוטם שמאל בחינת כלי בערך אור מקיף דחוטם ימין. והרי עתה עלה בידינו שני כלים ושני אורות, ונתלבשו השני כלים זה בתוך זה, והשני אורות זה בתוך זה, וכלי האזן שמאל הוא חיצוניות הכלי, שהוא עדיף, וכלי חוטם שמאל הוא פנימיות הכלי הגרוע, וזה נכון עד מאד. אמנם היותר קושיא מה שכתב רז"ל שהשני אלפי"ן בציורן יו"י הם בחינת האורות, והשני אלפי"ן שציורן יו"ד הם בחינת הכלים, והלא אי אפשר לצייר שום חד מד' אלפי"ן הללו אם לא בהצטרפות כל הבחינות מעורבין יחד, שהרי אם תקח אל"ף חד שציורה יו"י שהוא אור צריך לקחת יו"ד מאזן, **וא"ו** מחוטם, ויו"ד מאזן שנית, והרי נתערבו הכלים והאורות, וכן השאר.

97

**בית לחם יהודה ש"ו פ"א** – כי הנה יש בפה בחינת הבל ובחינת דיבור. עיין להרב יפה שעה ז"ל שהקשה, והוא בפרק א' דאח"ף כתב וז"ל - והוא כי בהיות ההבל הזה בגרון הוא סוד קול, וכשיוצא לפה הוא סוד דיבור בחיתוך אותיות, יעו"ש. אלמא קול ודבור הם גרון ופה, וכאן הוא אומר שהכל הוא בפה, עכ"ל. ר"ל ואין בגרון בחינת הבל.

98

הרב ז"ל מבאר כי בנוסף לבחינת ההבל והדיבור יש בחינה הנקראת קול.

ורוחני בערך הדיבור, ואין בהבל השגה **הוא בבחינת אור** לכן ההבל הוא בחינת ב' אותיות א' בציור יו"י שהם אור פנימי ואור מקיף, והוא בחינת חסד המתפשט בלי גבול, **והדבור** שהוא יותר מושג ומגולה בערך ההבל **הוא בבחינת הכלי** לכן הדיבור שהוא חיתוך אותיות, הוא בחינת ב' אותיות א' בציור יו"ד שהם כלי פנימי וכלי חיצון, והוא בחינת דין המגביל את האור.

הרב ז"ל מפרט את בחינת ההבל והדיבור לב' בחינות לכל אחד, עוד מבאר הרב ז"ל את בחינת החיך והגרון שהם סוד החכמה והבינה, זכר ונקבה, והם סוד הזיווג העליון[101] הנקרא נשיקין. בפה עצמו אין בחינת דיבור, אלא יש בחינת

---

**שער רוח הקודש, תחילת דרוש א'** – כי בהיות האדם צדיק וחסיד, ועוסק בתורה, ומתפלל בכונה, ודאי הוא שאין לך דבר שאין לו ממש, כי אפילו אותו **הקול היוצא** על ידי הכאת המטה אינו לבטלה, כנזכר בזוהר פרשת שלח, ואין הדבר ההוא הולך לבטלה ח"ו, אך בודאי הוא שממנו נבראים מלאכים, ורוחין קדישין, קיימין ועומדין כנזכר בפרשת בשלח דף נ"ט. וכמו שאמרו זכרונם לברכה, כל העושה מצוה. אתת קנה לו פרקליט אחד וכו', **כי מדבור האדם,** נוצרים מלאכים טובים או רעים, כפי דבורו. וכמו שכתב בתיקונין, כי כשהאדם עוסק בתורה, **אותם הקולות וההבלים דנפקי מפומיה,** נעשים מרכבה אל נשמות הצדיקים הראשונים, לרדת למטה ללמוד תורה לאדם ההוא. וכנזכר בסבא דמשפטים דף ק' ע"ב ענין **ההבל והדבור והקול,** כמו שיתבאר ענין שלשתם לקמן בע"ה. אמנם הכל הוא כפי מעשה האדם, כי אם אותה התורה שיעסוק בה, קורא אותה לשמה, יהיה המלאך הנברא משם קדוש הוא מאד, ועליון מאד, ונאמן בכל דבריו באמת גמור. וכן אם קורא אותה בלי שבושים וטעיות, יהיה המלאך ההוא בלי טעות, ויהיה נאמן בכל דבריו. וכן המצוה שעושה האדם, אם היא כתקנה נעשה ממנה מלאך קדוש מאד. וכמו שאמרו ז"ל - כל העושה מצוה אחת, קנה לו פרקליט אחד וכו'. וכפי מה שחסר מאותה מצוה, כן יחסר אור המלאך ההוא. ואמנם ודאי הוא שגדול הוא כח המלאך הנעשה מעסק התורה, מכח )המלאך( הנעשה על ידי אותה המצוה, ואין להאריך בפרטים אלו.
99

כל עוד שהדיבור וההבל הם בתוך הפה, הם לא מורגשים, כי אין חיתוך אותיות בתוך הפה, ולא ההבל הנעשה מחיתוך האותיות, עד אשר הדיבור וההבל יוצאים מהכח לפועל חוץ לפה.
**ע"ח ש"ד פ"א די"ז ע"ד** – והוא כי בהיות ההבל הזה בגרון, הוא סוד קול, וכשיוצא מחוץ לפה הוא סוד דבור בחיתוך אותיות.
100

**בית לחם יהודה ש"ו פ"א** – והנה ההבל הוא בחינת אור, והדיבור הוא בחינת כלי. ראיתי בכתב יד חכם רבי אליהו מני זלה"ה, שכתב וז"ל - הנה מלשון זה משמע שההבל הוא גדול מהדיבור. ולכאורה יש לומר משער רוח הקודש דף א' סוף ע"ב שכתב כי הקול גדול מן הדיבור, והדיבור גדול מן ההבל, יעו"ש. ואם כן איך מההבל נעשה אור, ומהדיבור נעשו הכלים, וצ"ע עד כאן לשונו. ואפשר לתרץ והוא דלענין שיהיה הקול, והדיבור, וההבל של עסק התורה מרכבה לנשמות הצדיקים והראשונים המדברים עם האדם, ודאי שהדיבור שהוא מוגשם יותר מן ההבל, הוא מוכשר להיות מרכבה לנשמות הצדיקים יותר מן ההבל, וכן הקול שהוא הדיבור הבא בהרמת קול, הוא מוכשר יותר להיות מרכבה לנשמות הצדיקים, לפי שהוא מוגשם יותר מדיבור הפשוט, תדע שכן הוא, שהרי לא כתב רז"ל שם שיש נשמות צדיקים שמתלבשין במחשבה, וברעותא דליבא הראשונים של האדם, ומדברים עם האדם, כי לפי דקותם אינם יכולים להתלבש בהם. ונמצא שההבל הוא דק מן הדיבור, ולכן נעשו ממנו האורות.
101

בחינת החיך הוא סוד יסוד דחכמה, והגרון הוא בחינת מלכות דבינה, הלשון הוא בחינת הדעת המחבר בין חו"ב, ובחינת הרוק שבתוך הפה היא בחינת טיפת הזרע. בחינת זיווג זה היא זיווג עליון ונעלם הנקרא נשיקין, ובו כוונות האכילה, לכן כמו שאין משיחין בשעת סעודה אין משיחין בשעת תשמיש. בחינת הזיווג הנעשה בפה וכוונות האכילה התבארו בפרק ב' דשער זה.
**ע"ח שי"ג פי"ג דס"ז ע"ג** – ועתה נבאר מציאות החוטם והפה דא"א, דע כי בפה דא"א יש בו חיצוניות ופנימיות, והפנימית הוא שם ס"ג, שהוא פנימית רוחא שבפה זה, ובהתחברו בשם אהי"ה **בסוד זווג** יהיה פה עם הכולל, והם בחינת **זכר ונקבה** שבתוך י' ספירות של הפה, **והם חיך זכר, וגרון נקבה,** ואז יוצאין

שאר הכ"ב אותיות מזווג זה, **כי אחע"ה הם מ"ן דנוקבא, שהוא בגרון**, גימטריא פ"ד, **וגיכ"ק אותיות החיך מ"ד, ומתחברים יחד אחע"ה וגיכ"ק**, ואז יוצאין תחלה אותיות הלשון דטלנ"ת, שהוא בחינת הדעת הנקרא לשון, אחר כך יוצאין אותיות השינים שהם זסשר"ץ )והם ה"ג מנצפ"ך(, אחר כך יוצאין אותיות שפתים שהוא יותר חיצוניות, והם בומ"ף.

**ע"ח שי"ג פ"ג דס"ח ע"ד** – גם ביאור ענין זה הוא על דרך הנ"ל, כי הנה ח' חוורתא דרישא דא"א הם מתפשטין בתרין תפוחין דיליה כנ"ל, ומהם נמשכין ח' תיקוני דיקנא דכהנא רבא, שהוא סוד החסד, בחינת זה החוורתא שהוא שם ע"ב דיודי"ן גימטריא חסד. והנה אחר כך מתפשטין אלו הח' חוורתא בגרון דא"א, ושם נעשין ב' פעמים ע"ב, שהם שורש הח' חוורתא הנ"ל, ואלו הם בחינת אחה"ע בגרון, שהוא גימטריא מ"ב מ"ב, ולפיכך **יש שם בחינת זווג אחד הנעשה על ידי החיך והגרון** כמבואר אצלינו, והנה סוד אחע"ה הוא זווג שם ס"ג עם שם אהי"ה, שהם גימטריא אחע"ה, כי אלו הם גם כן **זווג חכמה ובינה**, ואם תסתכל בכל הנ"ל תבין כי **כל בחינות האלו הם זווג חכמה ובינה**, ולכן כל אלו המשכות והתפשטות הנ"ל הם בחינת חכמה ובינה, ובזה תבין ענין או"ן וזו"ן איך נמשך מכאן אליהם כח הזווג.

**ע"ח שט"ו פ"א דע"ח ע"ד** – וכבר ידעת מה שביאר רז"ל היכי דמי לאלתר, כל זמן **שהשרוק מצוי בפה והוא בשיקין הקודמין לזווג, כי הם בחינת זווג עליון בפה עצמו**, לכן תחלה היה זווג דפה דא"א להוריד כח הטפה ההיא כלולה במ"ב זווגים, כי כבר הודעתיך **כי החיך הוא החכמה**, והענין כי החכמה )מ"ס( דא"א יש בה י' ספירות כלולות בראש החיך לבדו, ויסוד שלה הוא החיך, והוא המזדווג עם **הגרון שהוא המלכות ונקרא בינה**, בערך שאר הגוף כנודע. והנה באלו העשר יש כל ד' שמות ע"ב, ס"ג, מ"ה, ב"ן, והנה בעת שנזדווגו חיך וגרון להוציא או"א מסוד הגרון, וחג"ת של א"א כנודע, הנה אז יצא הטפה, ולעולם הטפה הוא משם ע"ב כנודע, ואחר כך נתלבשה בשם ס"ג שהוא בבינה, שהוא לעולם סוד הגרון כפי איזה בחינה שתהיה, ואז יצאו או"א, והתחיל הכתר שלהם מן הגרון דא"א.

**ע"ח שט"ז פ"א ד"פ ע"ג** – כן היה בא או"א, כי הוצרך להם זווג עליון שבפה דא"א, ושם הזווג כיצד, בינה שבגרון מעלה מ"ן מן הה' גבורות שלה, והם אותיות אחע"ה, כי כבר נתבאר בשער א"א כי הבינה עומדת בגרון, ואותיות אלו הם אותיות הגרון, והם ה"ג שבה, והחיך שהוא חכמה, הוא מוריד מ"ד ה' חסדים, אותיות גיכ"ק, **ונזדווגו יחד על ידי דעת המכריע הלשון שביניהן**, סוד ברית הלשון.

**שער הכוונות, דרושי ערבית ליל שבת, דרוש ב'** – והנה בליל שבת מזדווגת המלכות זיווג עליון בתוך פיה מינה ובה, בסוד הלשון שבה, שהוא יסוד המכריע בין הגרון לחיך, שהם חו"ב שבה, ומאכילה זו אנו אוכלים וניזונים בסעודת ליל שבת. ובסעודת שחרית דשבת אז ז"א מזדווג זיווג עליון בתוך פיו מיניה וביה על דרך הנזכר, ומשם אנו אוכלים בסעודה ההיא. ובסעודת המנחה אז א"א עתיקא קדישא מזדווג זיווג עליון בתוך פיו מיניה וביה, על דרך הנזכר ומשם אנו אוכלים וניזונים בסעודה ההיא.

**שער הכוונות, דרושי ראש השנה, דרוש ז'** – ואחר כך תכוין בענין הוצאת הקול, והוא כי התחלת הקול הזה הוא הבל היוצא מן הגרון דאימא, אשר בו מתחברים ב' שמות מ"ב, אחד מאבא ואחד מאימא, ושניהם כלולים בגרון דאימא, והנה ב' פעמים מ"ב הוא סוד אחע"ה שבגרון כנודע, ועל ידי אלו המ"ב נכפים הדינין כנ"ל. גם תכוין באותיות גיכ"ק אשר בחיך דאימא הסמוך אל הגרון, כי החיך הוא סוד חכמה המזדווג עם הגרון שהוא בינה, ואותיות גיכ"ק ואחה"ע אשר בחיך וגרון הם בגימטריא רי"ו, **ותכוין כי זה הרי"ו הוא זווג או"א על ידי חיך וגרון, בסוד אכלו רעים**, גם רי"ו אלו עם הכולל הם סוד רזי לי רזי לי כו'. אח"כ תכוין בהוי"ה דע"ב דיודי"ן שבאבא לחיך, ולהוי"ה דס"ג שבאימא בגרון, ותכוין כי ב' הוי"ות אלו הם בגימטריא קה"ל, ועם הכולל הם קול, קו"ל בז"א, קל"ה בנקבה, ועל ידי שמות אלו נכפים הדינין שבהם.

**שער רוח הקודש דמ"א יחוד ג'** – ואמנם פנימיות זה הפה, הוא הוי"ה של ס"ג, וכבר ידעת במקום אחר **כי גם בפה יש בחינת זווג, מן הגרון והחיך אשר בו, שהם אחה"ע וגיכ"ק**, כמו שנבאר בע"ה, ואז יוצאים שאר השלשה מוצאות, עד שנעשים כ"ב אותיותיהם.

**גמרא תענית ד"ה ע"ה** – רב נחמן ורב יצחק הוו יתבי בסעודתא, אמר לו רב נחמן לרב יצחק לימא מר מילתא, אמר לו הכי אמר רבי יוחנן, אין מסיחין בסעודה שמא יקדים קנה לושט, ויבא לידי סכנה.

**גמרא נדרים ד"כ ע"א** – אמר רבי יוחנן בן דהבאי, ארבעה דברים סחו לי מלאכי השרת מפני מה הויין, מפני שהופכים את שולחנם. אילמים מפני מה הויין, מפני שמנשקים על אותו מקום. חרשים מפני מה הויין, **מפני שמספרים בשעת תשמיש**. סומין מפני מה הויין, מפני שמסתכלין באותו מקום. ורמינהו, שאלו

שורשים[102] לדיבור, רק שיוצאים ומתגלים מחוץ לפה על ידי חיתוך אותיות מתגלה בחינת הקול והדיבור. **וְהִנֵּה יֵשׁ הֶבֶל וְדִבּוּר הָעֶלְיוֹן בְּלִוּוּי** ר"ל בחינך **הָעֶלְיוֹן,** והוא **סוֹד** אותיות **גִּיכַ"ק** מחמשה מוצאות הפה[103] **שֶׁהוּא בְּחָכְמָה,** ואותיות גיכ"ק הם מוצאות החיך, **וְהֶבֶל וְדִבּוּר תַּזֹּתוֹן בְּלִוּוּי** ר"ל בחינך **הַתַּזֹּתוֹן** שהוא הגרון, והוא **סוֹד** אותיות **אזה"ע** מחמשה מוצאות הפה **שֶׁהוּא בְּבִינָה,** ואותיות אחה"ע הם מוצאות הגרון.

בפה דא"ק מתגלים ארבעה האלפי"ן, שהם ב' אלפי"ן בציור יו"י, וב' אלפי"ן בציור יו"ד, **והם שורשים לעולם העקודים היוצא מתוך פה דא"ק**[104], הרב ז"ל מדרג את בחינת ד' האלפי"ן לפי סדר מעלתם, ומחלק את פה דא"ק לד'

---

את אימא שלום, מפני מה בנייך יפיפין ביותר, אמרה להן **אינו מספר עמי, לא בתחילת הלילה ולא בסוף הלילה, אלא בחצות הלילה.** וכשהוא מספר, מגלה טפח ומכסה טפח, ודומה עליו כמי שכפאו שד, ואמרתי לו מה טעם, ואמר לי כדי שלא אתן את עיניי באשה אחרת, ונמצאו בניו באין לידי ממזרות. לא קשיא, **הא במילי דתשמיש,** הא במילי אחרניתא.

**שולחן ערוך, אורח חיים סימן ק"ע סעיף א' –** אין משיחין בסעודה, שמא יקדים קנה לושט, ואפילו מי שנתעטש בסעודה, אסור לומר לו אסותא.

**בשולחן ערוך, אורח חיים, סימן ר"מ סעיף ט –** לא יספר עמה בדברים שאינם מעניני התשמיש, **לא בשעת תשמיש ולא קודם לכן,** שלא יתן דעתו באשה אחרת, ואם סיפר עמה וישימש, אמרו עליו מגיד לאדם מה שיחו, אפילו שיחה קלה שבין אדם לאשתו מגידין לו בשעת הדין.

**גמרא פסחים דפ"ו ע"א –** שתי חבורות שהיו אוכלין בבית אחד אלו הופכין את פניהם הילך ואוכלין, ואלו הופכין את פניהם הילך ואוכלין, והמיחם באמצע, כשהשמש עומד למזוג קופץ את פיו ומחזיר את פניו עד שמגיע אצל חבורתו ואוכל, **והכלה הופכת את פניה ואוכלת......**הכלה הופכת את פניה וכו', מאי טעמא, אמר רבי חייא בר אבא, אמר רבי יוחנן מפני שהיא בושה.

**ציצים ופרחים לרבי יעקב חיים )הבן של הרי"ח הטוב(, פרשת חוקת דמ"ב ע"ב –** קח את המטה, רמז ליסוד הבינה שהיא בחינת משה, והקהל את העדה רמז לנצח והוד שם מתקבצים כל האורות. אתה ואהרן אחיך, שמשה מנצח ואהרן בהוד. **ודברתם לשון זווג,** אל ז"א, **הסלע** המלכות, ונתן מימיו שעל ידי **זווג זו"ן** נשפעים העולמות כולם, העליונים והתחתונים.
102

בתוך פה דאק יש גם קול וגם דיבור, כמבואר בסידור מרן הרש"ש.
**תרשים א – ט"ו.**
**שם משמעון ש"ו פ"א די"א ע"ב –** כי הנה בפה יש בחינת הבל ובחינת דיבור וכו', ואם תאמר היאך דבתוך פה יש בחינת דיבור, והלא הדיבור הוא בחינת חיתוך אותיות, וזה אי אפשר להיות אלא חוץ לפה כמו שכתוב לעיל בשער אח"פ פרק א' וז"ל – והוא כי בהיות הבל זה בגרון הוא סוד קול, וכשיוצא מחוץ לפה הוא סוד דיבור בחיתוך אותיות, ויש לומר דהא דקאמר הכא דבתוך הפה יש בחינת דיבור, **היינו שורש הדיבור.** והענין הוא כי בעודם בתוך הפה הם סוד הבל, אבל ב' שמאליים הם שורש הדיבור, וב' ימניים הם שורש הקול, אבל **כשיוצאים לחוץ הם נעשים קול ודיבור ממש,** וקל למבין.
103

**תרשים א – ט"ז.**
104

**כרם שלמה ש"ו פ"א אות י"ב –** נמצא שבתוך הפה יש ד' בחינות אלו, שהם אור מקיף, ואור פנימי, וחיצוניות הכלי, ופנימיות הכלי, וכנגדם **יש ד' בחינות אחרים שהם מחוץ לפה, והם הם עולם העקודים שיצאו מן הפה ולחוץ,** ויש בה ד' בחינות, אור מקיף, ואור פנימי, וחיצוניות הכלי, ופנימיות הכלי, **ואלו הם הנקראים הטעמים התחתונים,** ולזה כתב הרב ז"ל לעיל בריש פרקין וז"ל – אחר כך באו הטעמים התחתונים שמתחת לאותיות, **והם בחינת אורות היוצאים דרך הפה של א"ק, משם לחוץ,** עד כאן. מה שכתב משם ולחוץ, בא לאפוקי על הד' בחינות שהם בתוך הפה, שהם ב' הבלים וב' דיבורים, ובא לומר שאלו הם מחוץ

42

חלקים[105] כאשר כל אות מארבעה האלפי"ן מתגלה מחלק אחד של הפה לפי מעלתו. והפה מתחלק בצורה זאת, לחי עליון ולחי תחתון, וצד ימין וצד שמאל, כאשר אור מקיף הוא בצד ימין העליון, אות א' בציור יו"י, ואור פנימי בצד ימין התחתון, אות א' בציור יו"י. כלי חיצון בצד שמאל העליון, אות א' בציור יו"ד, וכלי פנימי בצד שמאל התחתון, אות א' בציור יו"ד, ולכן **נמצא כי הבל עליון** הנמצא בצד ימין, בחלק העליון של הפה **הוא אור מקיף,** והבל **והתחתון** הנמצא בצד ימין, בחלק התחתון של הפה **הוא** אור **פנימי, ודבור עליון** הנמצא בצד שמאל, בחלק בעליון של הפה הוא **כלי זחיצון, (ר"ל פנימיות הכלי וזיצוניות הכלי)** ודבור תחתון הנמצא בצד שמאל, בחלק בתחתון של הפה **כלי פנימי**[106], **והאורות שהם ההבלים** אור מקיף ואור פנימי **הם בימין הפה** אור מקיף בחלק הימני העליון של הפה, ואור פנימי בחלק הימני התחתון של הפה, **והדבורים שהם הכלים** כלי חיצון וכלי פנימי **הם בשמאל הפה** כלי חיצון בחלק השמאלי העליון של הפה, וכלי פנימי בחלק בשמאלי התחתון של הפה.◆

---

לפה הם מה שנקרא עקודים, ונקרא גם כן טעמים תחתונים. ואם תשאלני ותומר אם כן אלו הד' בחינות שבתוך הפה מה הם נקראים, אם הם בכלל העקודים או לאו, אפשר שהם בכלל מה שכתב הרב ז"ל לקמן בפרק ג' דשער מטי ולא מטי **שמקודם בבחינת העקודים יש בתוך הפה שורשים של אלו העשר ספירות דעקודים,** שמהם יצאו העקודים האלו, שהם ענפים מן השורשים הללו שבתוך הפה, והיע"ב )והשם יאיר עינינו בתורתו אמן(.
105

**תרשים א – י"ז.**
106

**יפה שעה )ב(** – והאורות שהם ההבלים בימין הפה, והדבורים שהם הכלים הם בשמאל הפה, עד כן. וקושיה שלעיל פרק א' דשער אח"פ כתב רז"ל ז"ל - והוא כי בהיות ההבל הזה בגרון הוא סוד קול, וכשיוצא מן הפה הוא סוד דיבור בחיתוך אותיות, יעו"ש. אלמא קול ודיבור הם גרון ופה, וכאן הוא אומר שהכל הוא בפה. )ונראה לעניות דעתי דהנה בשער היחודים בתחילה נתבאר שם לשלש בחינות הם, הבל, וקול, ודיבור, ובזה מתורץ, ועיין שער הכוונות דרוש ראש השנה פרק ז', בסוד קול השופר. שמן ששון(.

# עֵץ חַיִּים

## לְרַבֵּינוּ חַיִּים וִיטַאל

שֶׁקִּיבֵּל מִמָרַן הָאֲרִ"י זַלְהֵ"ה

# שַׁעַר ו'

# שַׁעַר הָעֲקוּדִים

# פֶּרֶק א'

חֵלֶק הַתַּרְשִׁימִים טַבְלָאוֹת וְצִיּוּרִים

שָׁמוֹזַת חַיִּים

### הקדמה קצרה

דע כי כל התרשימים הציורים והטבלאות, הם אך ורק לשכך את האוזן, ולשבר את העין. וכל הציורים הם לא שלמים.

כתב הרי"ח הטוב ברב פעלים ח"ב בסוד ישרים ה' - אך דע לך כי סדר התלבשות המחצבים שכתב מהרח"ו בשערי קדושה עד עולם הזה שאנחנו עומדים בו. וכן סדר התלבשות הפרצופים אשר בכל מחצב ומחצב, וסדר התלבשות העולמות זה בזה, והיושר והעיגולים, לא אית אינש דכיל למנלע רזא דנא, איך היא עשוי, איך הוא עומד, ולא אפשר לשכל אנושי לצייר כל הנזכר על אמתיתם, ועל בוריין מפני כי שכל האנושי בהיותו עצור ומונח בגוף גשמיי, אי אפשר לי להשיג דבר רוחני, והוא זה דומה לאדם סומא מן הבטן שלא ראה מאורות מימיו, דודאי אי אפשר לו לצייר מראות השמש והירח הנראין לעיני הבריות, וכל שכן מה שיש למעלה למעלה.

וכן כתב ברב פעלים ח"א בסוד ישרים א' - סוף דבר הכל נשמע, ה' אחד ושמו אחד, ואין לו גוף ולא דמות הגוף, ואין לו שום ציור, ותמונה ודמיון כלל ועיקר, וגם כל העולמות וספירות הקדושים למעלה אין להם ציור ודמיון של גופים האלה כלל, ואין מי שיוכל לידע איך הוא עמידתם וסדרם, ואיך עומדים עולמות היושר ועולמות העיגולים, ואיך מתחברים זה עם זה, ואיך נמשך השפע מזה לזה, ואיך הוא תוארם ומראיהם, ואיך הוא מהות השפע המחיה אותם, ומקיים אותם, וכמה הוא שיעור אורכם וגובהן ורחבם, ואיך הם נכללים זה בזה, ומלבישים זה לזה, כי בכל זאת אין שום שכל אנושי יוכל לדעת, ולהבין, ולהשיג, כלל ועיקר.

הרב ז"ל כתב בשער אח"פ תחילת פ"א וז"ל - כבר ידעת כי אין בנו כח לעסוק קודם אצילות עשר ספירות, ולא לדמות שום דמיון וצורה כלל ח"ו, אך לשכך האזן, אנו צריכים לדבר דרך משל ודמיון, לכן אף אם נדבר במציאות ציור שם למעלה, אין הדבר רק לשכך האזן. אמנם דע כי עשר ספירות דאצילות הם שתי עניינים. האחד הוא התפשטות הרוחניות, והשני הוא כלים ואברים אשר העצמות מתפשט בהם. והנה צריך שיהיה לכל זה שורש למעלה לשתי בחינות אלו, ולכן צריכין אנו לדבר בסדר המדרגות מראש עד סוף, והנה נתחיל ונאמר כי הלא הא"ס ב"ה אין בו שום ציור כלל ח"ו כמבואר.

הרב ז"ל כתב בשער טנת"א פ"א - והנה אף על פי שאנו מכנים וקוראים כאן כנויים אלו כגון אדם ראש אזנים וכיוצא אינו רק לשכך האזן לשיובנו הדברים לכן אנו מכנים כנויים אלו במקום גבוה, עד כאן לשונו.

וכן הרמ"ק בפרדס רימונים ש"ו פ"א - וציירו להם המקובלים צורות ביריעות גדולות וקראום אילן. הרב ז"ל כתב בסוף ש"ה פ"ד וז"ל - ואמנם דבר גלוי הוא כי אין למעלה גוף ולא כח גוף חלילה. וכל הדמיונות והציורים אלו לא מפני שהם כך חס ושלום. אמנם לשכך את האוזן לכשיוכל האדם להבין הדברים העליונים הרוחניים בלתי נתפסים ונרשמים בשכל האנושי, לכן ניתן רשות לדבר בבחינת ציורים ודמיונים, כאשר הוא פשוט בכל ספרי הזוהר. וגם בפסוקי התורה עצמה כולם כאחד עונים ואומרים בדבר הזה כמו שאמר הכתוב עיני ה' המה משוטטים בכל הארץ. עיני ה' אל צדיקים. וישמע ה'. וירח ה'. וידבר ה'. וכאלה רבות וגדולה מכולם מה שאמר הכתוב ויברא אלהים את האדם בצלמו בצלם אלהים ברא אותו זכר ונקבה וגו'. ואם התורה עצמה דברה כך גם אנחנו נוכל לדבר כלשון הזה, עם היות שפשוט הוא שאין שם למעלה אלא אורות דקים, בתכלית הרוחניות, בלתי נתפשים שם כלל, וכמו שאמר הכתוב כי לא ראיתם כל תמונה, וכאלה רבות. ואמנם יש עוד דרך אחרת כדי להמשיך ולצייר בה הדברים העליונים, והם בחינת כתיבת צורת אותיות, כי כל אות ואות מורה על אור פרטי עליון, וגם תמונת זו דבר פשוט הוא כי אין למעלה לא אות, ולא נקודה, וגם זה דרך משל וציור לשכך את האוזן כנזכר. ולכן נבאר עתה הקדמה הנזכר על דרך ציור האותיות גם כן ובבחינת ציורים אלו, הן ציור האדם, והן ציור אותיות, שתיהן מוכרחים להבין ענין האורות העליונים, כאשר תראה ספרי הזוהר בנויים על שתי בחינות הציורים האלה, עד כאן לא.

ולכן גם אנחנו הרשינו לעצמינו לצייר ציורים, תרשימים וטבלאות, אך ורק כדי לשכך את האוזן, ולשבר את העין, כדי להבין את הסוגייה.

אח"י

## סדר שמות שמות ההיכלות והשערים בעץ חיים

| שם היכל | שער | שם השער | א | ב | ג | ד | ה | ו | ז | ח | ט | י | יא | יב | יג | יד | טו |
|---|---|---|---|---|---|---|---|---|---|---|---|---|---|---|---|---|---|
| **אדם קדמון** | א | עיגולים ויושר | א | ב | ג | ד | ה | | | | | | | | | | |
| | ב | השתלשלות י"ס דרך עגו' | א | ב | ג | | | | | | | | | | | | |
| | ג | סדר אצילות למהרח"ו | א | ב | ג | | | | | | | | | | | | |
| | ד | אח"פ | א | ב | ג | ד | ה | | | | | | | | | | |
| | ה | טנת"א | א | ב | ג | ד | ה | ו | ז | | | | | | | | |
| | ו | עקודים | א | ב | ג | ד | ה | ו | ז | ח | | | | | | | |
| | ז | מטי ולא מטי | א | ב | ג | ד | ה | | | | | | | | | | |
| נקודים | ח | דרושי נקודות | א | ב | ג | ד | ה | ו | | | | | | | | | |
| | ט | שבירת הכלים | א | ב | ג | ד | ה | ו | ז | ח | | | | | | | |
| | י | תיקון | א | ב | ג | ד | ה | | | | | | | | | | |
| | יא | מלכים | א | ב | ג | ד | ה | ו | ז | ח | ט | י | | | | | |
| הכתרים | יב | עתיק | א | ב | ג | ד | ה | | | | | | | | | | |
| | יג | א"א | א | ב | ג | ד | ה | ו | ז | ח | ט | י | יא | יב | יג | יד | |
| או"א | יד | או"א | א | ב | ג | ד | ה | ו | ז | ח | ט | י | | | | | |
| | טו | זווגים | א | ב | ג | ד | ה | ו | | | | | | | | | |
| | טז | הולדת או"א וזו"ן | א | ב | ג | ד | ה | ו | ז | | | | | | | | |
| ז"א | יז | ז"א | א | ב | ג | ד | | | | | | | | | | | |
| | יח | רפ"ח נצוצין | א | ב | ג | ד | ה | ו | | | | | | | | | |
| | יט | אנ"ד | א | ב | ג | ד | ה | ו | ז | ח | ט | י | | | | | |
| | כ | המוחין | א | ב | ג | ד | ה | ו | ז | ח | ט | י | יא | יב | | | |
| | כא | לידת המוחין | א | ב | ג | | | | | | | | | | | | |
| | כב | מוחין דקטנות | א | ב | ג | | | | | | | | | | | | |
| | כג | מוחין דצלם | א | ב | ג | ד | ה | ו | ז | ח | | | | | | | |
| | כד | פרקי הצלם | א | ב | ג | ד | ה | ו | ז | | | | | | | | |
| | כה | דרושי הצלם | א | ב | ג | ד | ה | ו | ז | ח | | | | | | | |
| | כו | צלם | א | ב | ג | ד | | | | | | | | | | | |
| | כז | פרטי עי"מ | א | ב | ג | ד | | | | | | | | | | | |
| | כח | עיבורים | א | ב | ג | ד | ה | | | | | | | | | | |
| | כט | נסירה | א | ב | ג | ד | ה | ו | ז | ח | ט | | | | | | |
| | ל | פרצופים | א | ב | ג | ד | ה | ו | ז | | | | | | | | |
| | לא | פרצופי זו"ן | א | ב | ג | ד | ה | | | | | | | | | | |
| | לב | הארת המוחין | א | ב | ג | ד | ה | ו | ז | ח | ט | | | | | | |
| | לג | אונאה | א | ב | ג | ד | ה | | | | | | | | | | |
| נוק' דז"א | לד | תיקון הנוקבא | א | ב | ג | ד | ה | ו | ז | | | | | | | | |
| | לה | הירח | א | ב | ג | ד | ה | | | | | | | | | | |
| | לו | מעוט הירח | א | ב | ג | ד | | | | | | | | | | | |
| | לז | יעקב ולאה | א | ב | ג | ד | ה | | | | | | | | | | |
| | לח | לאה ורחל | א | ב | ג | ד | ה | ו | ז | ח | ט | | | | | | |
| | לט | מ"ן ומ"ד | א | ב | ג | ד | ה | ו | ז | ח | ט | י | יא | יב | יג | יד | טו |
| | מ | פנימיות וחצוניות | א | ב | ג | ד | ה | ו | ז | ח | ט | י | יא | יב | יג | יד | טו |
| | מא | חשמל | א | ב | ג | | | | | | | | | | | | |
| אבי"ע | מב-א | דרושי אבי"ע | א | ב | ג | ד | ה | ו | ז | ח | ט | י | יא | יב | | | |
| | מב-ב | כללות אבי"ע | א | ב | ג | ד | | | | | | | | | | | |
| | מג | ציור עולמות אבי"ע | א | ב | ג | ד | | | | | | | | | | | |
| | מד | שמות | א | ב | ג | ד | ה | ו | ז | | | | | | | | |
| | מה | מקיפין | א | ב | ג | ד | | | | | | | | | | | |
| | מו | כסא הכבוד | א | ב | ג | ד | ה | ו | | | | | | | | | |
| | מז | סדר אבי"ע | א | ב | ג | ד | ה | ו | | | | | | | | | |
| | מח | קליפות | א | ב | ג | ד | | | | | | | | | | | |
| | מט | קליפת נוגה | א | ב | ג | ד | ה | ו | ז | ח | ט | | | | | | |
| | נ | קיצור אבי"ע | א | ב | ג | ד | ה | ו | ז | ח | ט | י | | | | | |

# תרשׁימים שׁעׁר ו' פרק א'

## טבלת ערכים

| עשיה | יצירה | בריאה | אצילות | אדם קדמון | עולמות |
|---|---|---|---|---|---|
| נוקבא | ז''א | אמא | אבא | ע''י וא''א | פרצופים |
| מלכות | חג''ת נה''י | בינה | חכמה | כתר | ספירות |
| ה | ו | ה | י | קוץ של י' | הוי''ה |
| נפש | רוח | נשמה | חיה | יחידה | אורות |
| ב''ן - יוד הה וו הה | מ''ה - יוד הא ואו הא | ס''ג - יוד הי ואו הי | ע''ב - יוד הי ויו הי | שורש הוי''ה | מלוי |
| אותיות | תגין | נקודות | טעמים | שורשים | טנת''א |
| אין ניקוד | סגול, שוה, חולם חיריק, קבוץ, שורוק | צרי | פתח | קמץ | נקודות |
| עטרת היסוד | גוף וברית | מוח שמאל | מוח ימין | גולגולתא | אדם |
| כבד | לב | מוח | ל - מקיף, חיה | מ - מקיף, יחידה | מל''צ |
| היכל | לבוש | גוף | נשמה | שורש | שנגגל''ה |
| יעו''ר | זו''ן | ישסו''ת | או''א עלאין | ער''ן אאר''ן | י''ב פרצופים |
| כלים | לבושים | צלמים | מוחין | אורות | כל צמא |
| עור | בשר | גידין | עצמות | מוח | אברים |
| דיבור | ריח | שמיעה | ראיה | מוח | חושים |
| חושך | מלאכים | נשמות | ספירות | א''ס | מחצבים |
| צ' כבד | צ' לב | צ' מוח | ל' מקיף א' | מ' מקיף ב' | צלם |
| דומם | צומח | חי | מדבר | אלוקות | דחצ''מ |
| עפר | רוח | אש | מים | יולי | יסודות |
| וילון | מכון, מעון, זבול שחקים, רקיע | ערבות | ערבות | ערבות | רקיעים |
| לבנה | כככבים | מזלות | גלגל היומי | גלגל השכל | גלגלים |
| לבנת הספיר | אהבה, זכות, רצון, עצם השמים, לבנת הספיר | קודש קודשים | קודש קודשים | קודש קודשים | היכלות |
| כו - וד ה ו ה | יט - וד א או א | לז - וד י או י | מו - וד י יו י | | מלוי הוי''ה |
| קנ''ב - אלף הה יוד הה | קמ''ג - אלף הא יוד הא | קס''א - אלף הי יוד הי | קס''א - אלף הי יוד הי | | אהי''ה |

תרשים א - א

| מוחא | שׁורשׁ עָסמַ"ב דְעֵ"ב דֵסַ"ג |
|---|---|
| עַצֵין | עַ"ב  דֵעֵ"ב דֵסַ"ג |
| אֵרזֵ | סַ"ג  דֵעֵ"ב דֵסַ"ג |
| חוטם | מַ"ה  דֵעֵ"ב דֵסַ"ג |
| פֵרֵ | בֵ"ן  דֵעֵ"ב דֵסֵ"ג |

טַעַם עֵלִין

טַעַם אֵמצֵעֵי

טַעַם תַחתֵן

תרשים א - ב

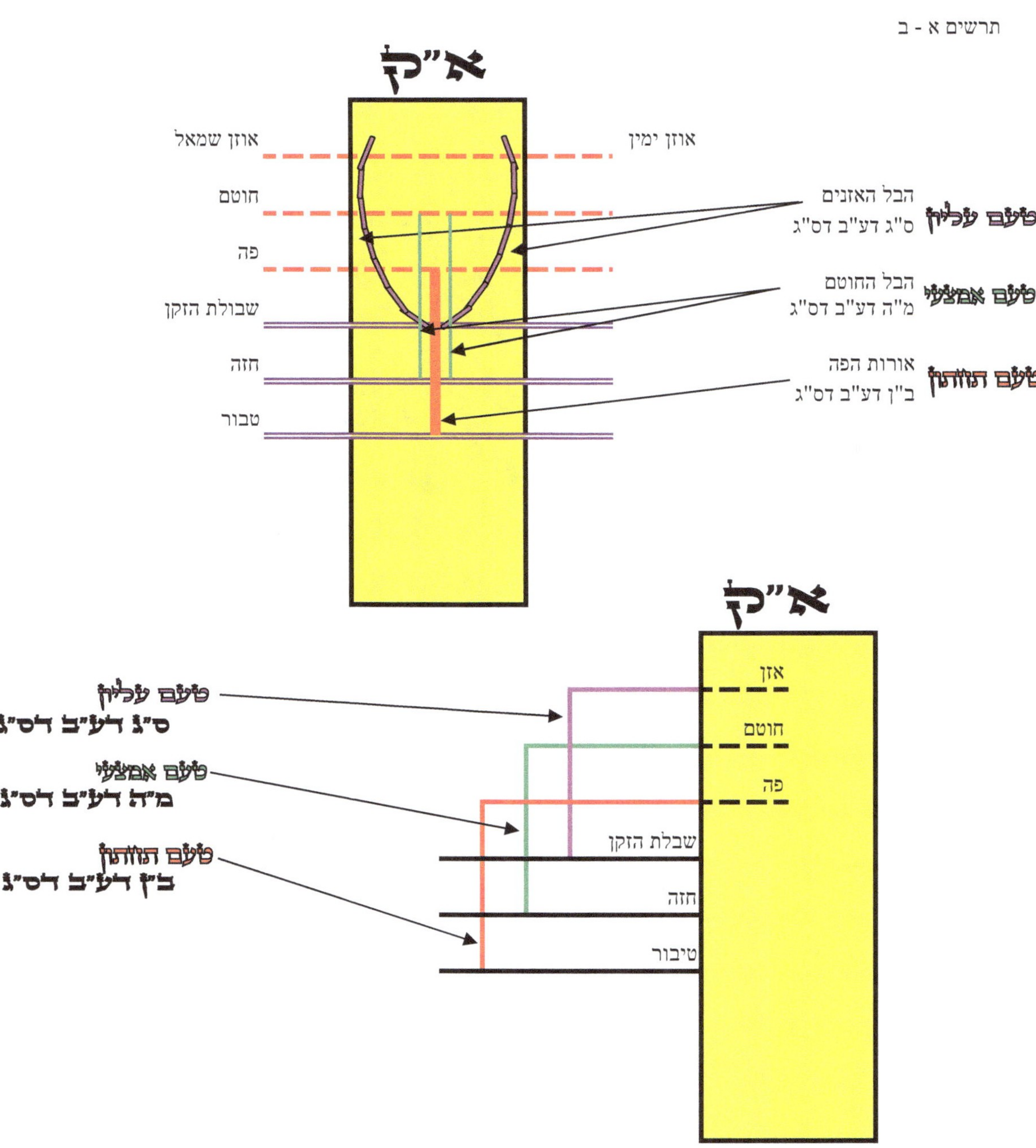

תרשים א - ג

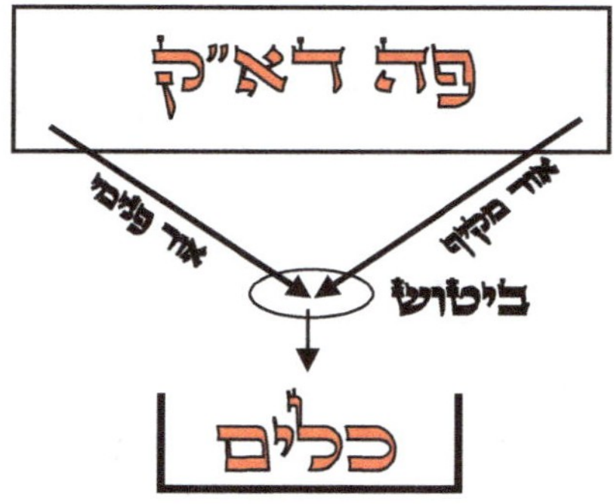


תרשים א - ד

תרשים א - ה

| | |
|---|---|
| אורות דפנימיות א"ק | עתודים |
| אח"פ אין רמז בתורה | |
| גלגלתא | |
| אורות הפה | עקודים |
| שבירת הכלים | נקודים |
| עולם התיקון, אצילות | ברודים |

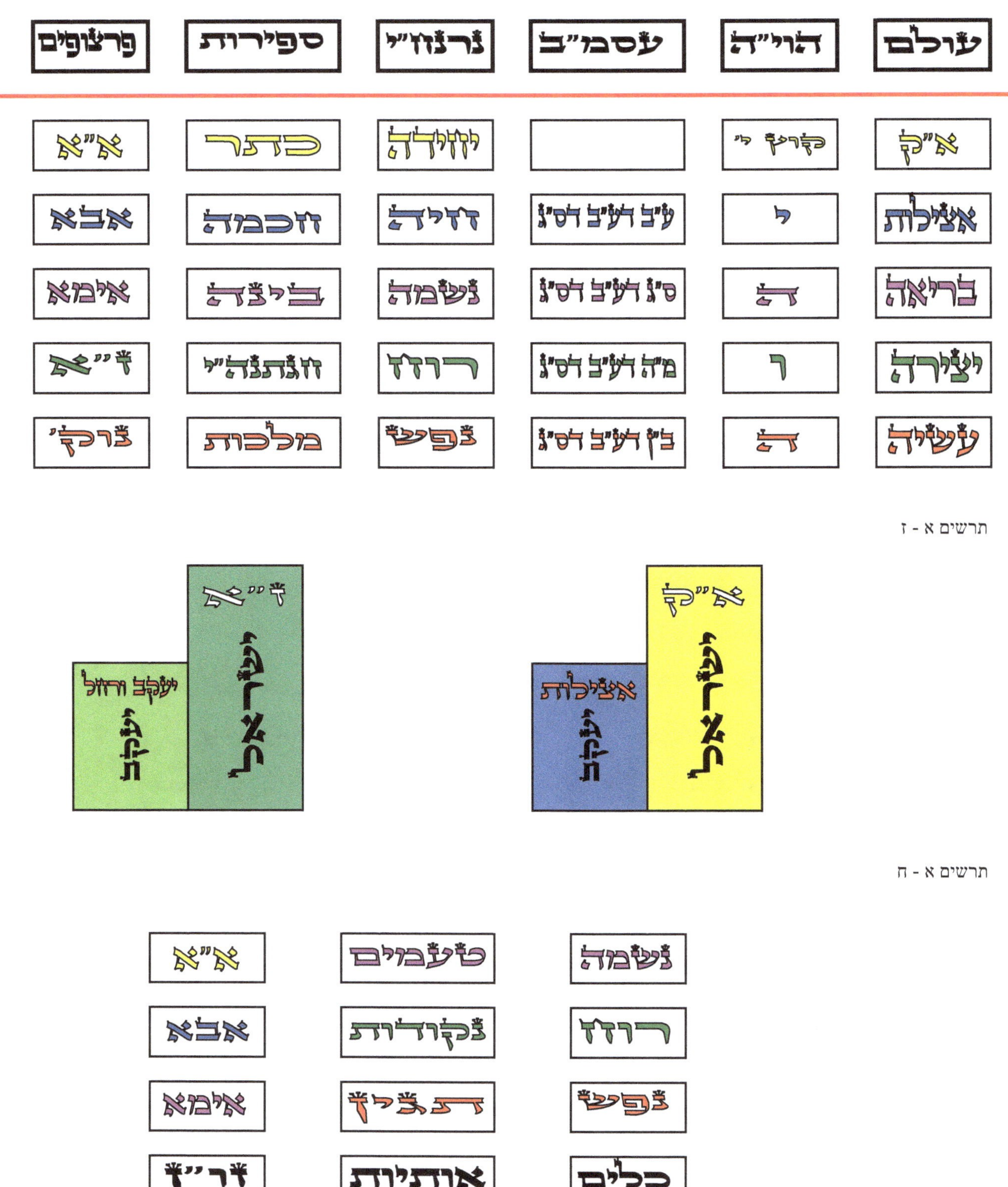
תרשים א - ו
פרצופים | ספירות | נרנח"י | עסמ"ב | הוי"ה | עוֹלָם
א"א | כתר | יחידה | | קוץ י' | א"ק
אבא | חכמה | חיה | ע"ב דהע"ב דס"ג | י | אצילות
אימא | בינה | נשמה | ס"ג דע"ב דס"ג | ה | בריאה
ז"א | תבונה | רוח | מ"ה דע"ב דס"ג | ו | יצירה
נוק' | מלכות | נפש | ב"ן דע"ב דס"ג | ה | עשיה

תרשים א - ז
ז"א ונוק'
ישראל
יעקב ורחל
ישראל

א"ק
ישראל
אצילות
ישראל

תרשים א - ח
א"א | טעמים | נשמה
אבא | נקודות | רוח
אימא | תגין | נפש
זו"ן | אותיות | כלים

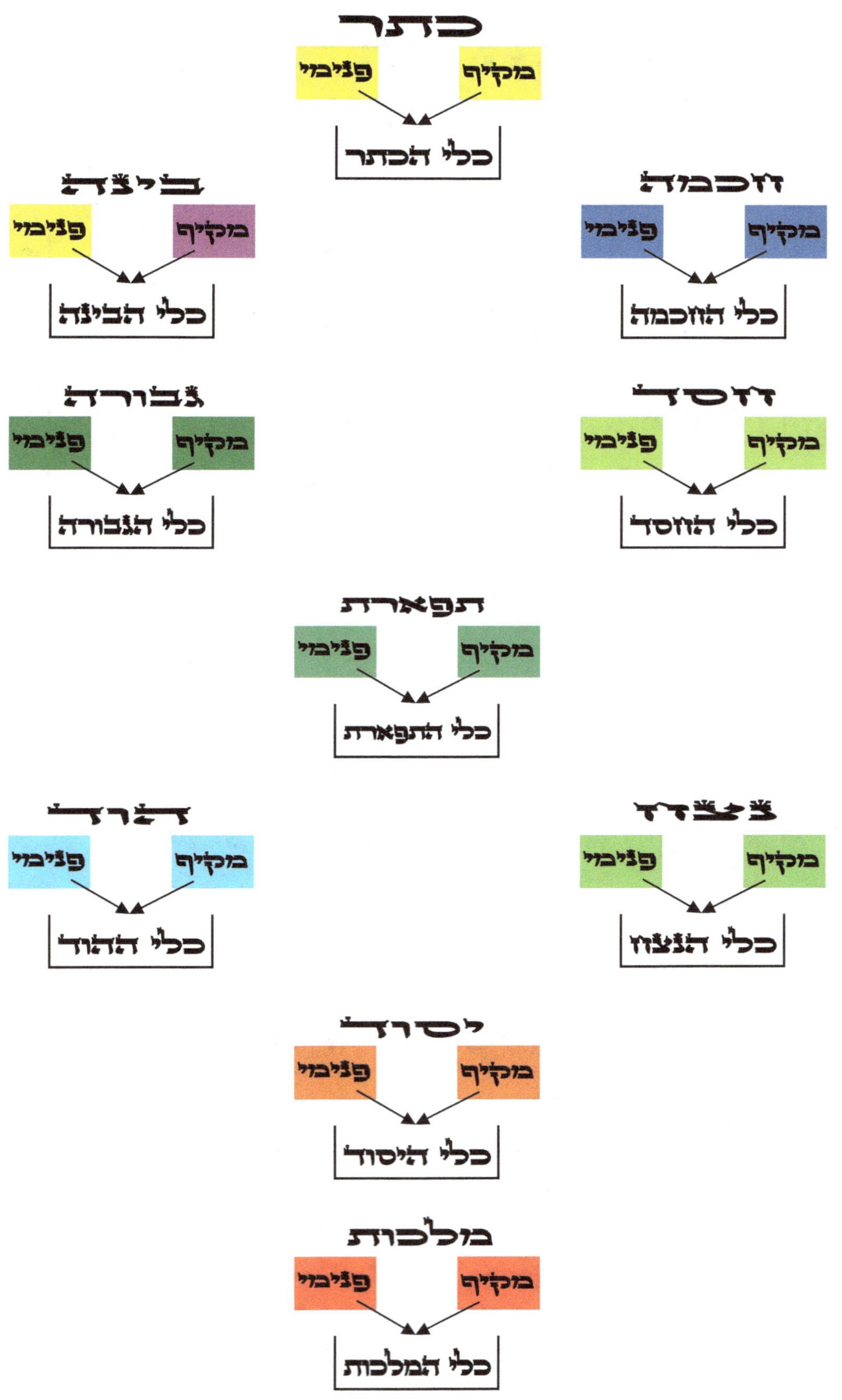
כתר
מקיף פנימי
כלי הכתר
בינה
פנימי מקיף
כלי הבינה
חכמה
פנימי מקיף
כלי החכמה
גבורה
פנימי מקיף
כלי הגבורה
חסד
פנימי מקיף
כלי החסד
תפארת
פנימי מקיף
כלי התפארת
הוד
פנימי מקיף
כלי ההוד
נצח
פנימי מקיף
כלי הנצח
יסוד
פנימי מקיף
כלי היסוד
מלכות
פנימי מקיף
כלי המלכות

תרשים א - י

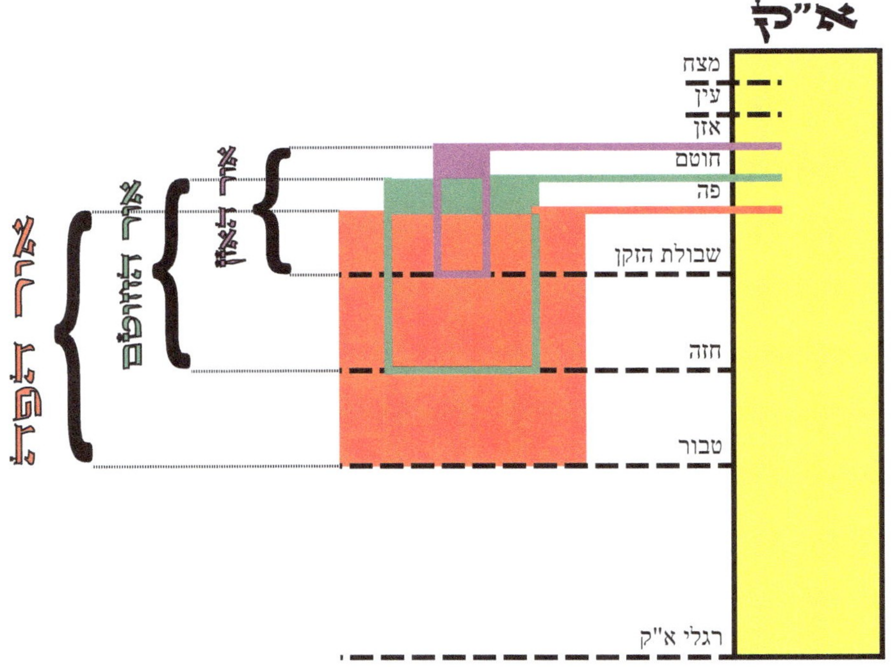


תרשים א - י"א

תרשים א - י"ב

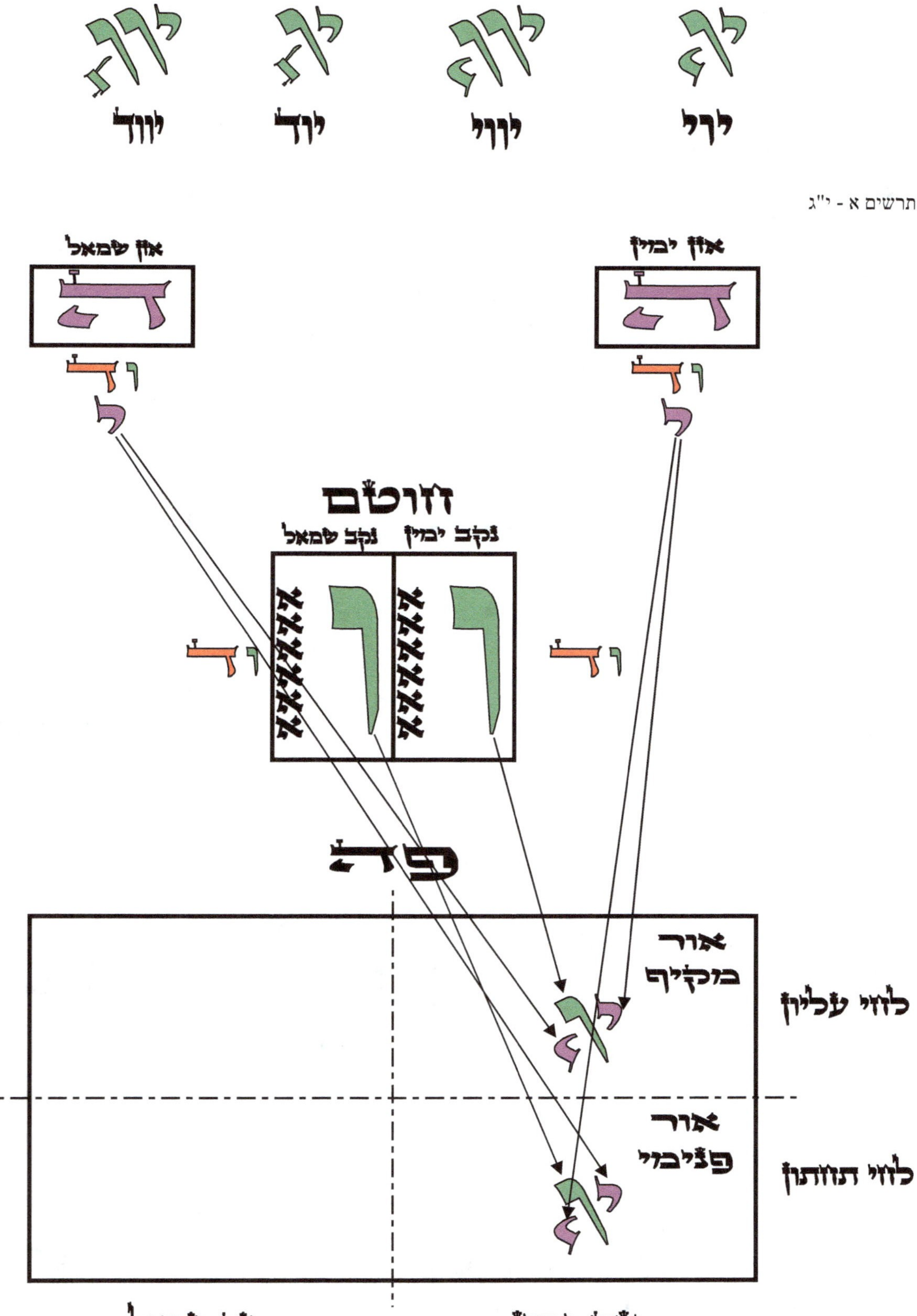


תרשים א - י"ג

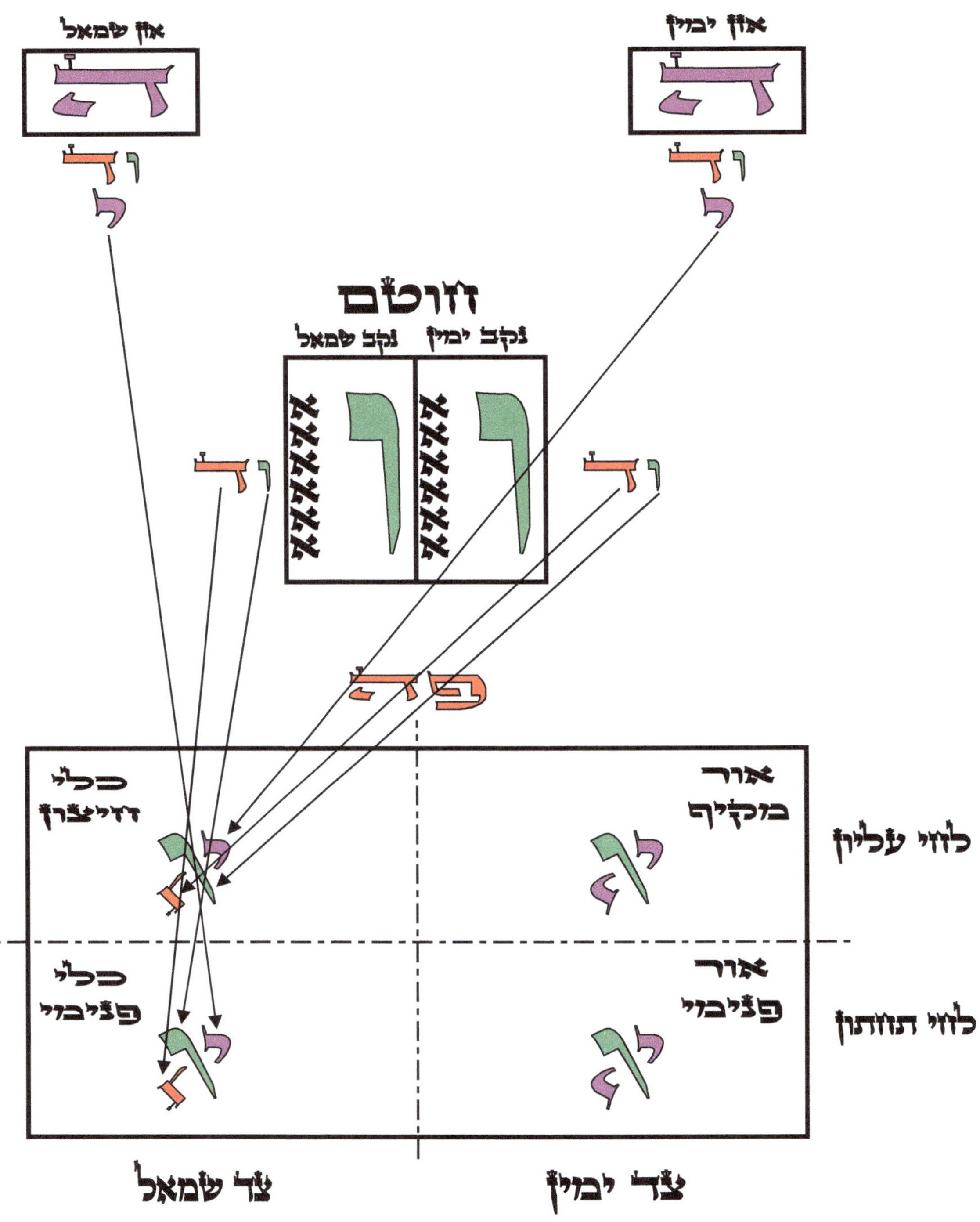




פה

ג' ס"ג וכ"ב אותיות דה' מולאים הפה

יוד הי ואו הי

אזוה"ע. גיכ"ק. דטלנ"ת. זסשר"ץ. בומ"ף.

פנימיות הפה: יוד הי ואו הי אהיה

מילויים הפה / חילונית הפה

יוד, יוד הא, יוד הא ואו

ג' פ"ה חילונים

קול יהוה  ג' יופיא"ל ע"ה.  דבור אדני.  קול ודבור יאהדונהי.

תרשים א - ט"ז

| אותיות | מוצאות הפה |
|---|---|
| א ח ה " ע | גרון |
| ג י כ " ק | חיך |
| ד ט ל נ " ת | לשון |
| ז ס ש ר " ץ | שיניים |
| ב ו מ " ף | שפתיים |

תרשים א - י"ז